DANIEL **ODIER**

FREUDE

Das Glück im Herzen der Dinge entdecken

Aquamarin Verlag

Daniel Odier (Ming Qing) ist ein Meister der chinesischen Xu Yu und Zhao Zhou Linie und wurde von Meister Jin Hui ordiniert. Er unterrichtet außerdem die Spanda Linie des kaschmirischen Shivaismus und den mystischen Tanz Tandava, die er beide von der Yogini Lalita Devi übertragen bekam. Diese zwei Schulen sind klar in seiner Lehre ersichtlich, welche jegliche spirituelle Illusion vernichtet. Daniel lebt in Barcelona, wo er regelmäßig im Kannon Gyo Center unterweist. Er gibt Seminare in Europa, USA und Lateinamerika.
www.danielodier.com

Deutsche Ausgabe
1. Auflage 2014

Voglherd 1
85567 Grafing
www.aquamarin-verlag.de

Titel der französischen Originalausgabe:
LES PORTES DE LA JOIE

Übersetzung aus dem Französischen: Dr. Veronika Sellier
sellier@bluewin.ch • Tel. +41 61 693 4173

© des Coverphotos: Mauro Magrini www.mauromagrini.it
Umschlaggestaltung: Annette Wagner

Druck: Ebner & Spiegel • Ulm

ISBN 978-3-89427-661-4

INHALT

VORWORT

In den letzten zwanzig Jahren habe ich in Europa, den Vereinigten Staaten und in Südamerika gelehrt. Es wurde mir allmählich klar, dass die Unterweisung selber, die ja eigentlich zur Befreiung führen sollte, nichts anderes bewirkte als eine weitere Festlegung auf eine neue Welttheorie, und nun ihrerseits Bindungen schuf, die die Menschen in einem geschlossenen Universum beließen.

Mit fünfzehn Jahren habe ich durch die großartigen Essays von D. T. Suzuki den Zen-Buddhismus entdeckt. Von dieser Zeit an empfand ich die bilderstürmerische Kraft der alten chinesischen Meister, die eine totale Loslösung von allen religiösen Überzeugungen priesen, den Buddhismus inbegriffen;

aber ich war noch zu jung, um darauf zu verzichten, mir ein „ideales“ System zum Erreichen des inneren Friedens zu konstruieren.

Anschließend gehörte ich zur ersten Welle der westlichen Invasoren, die sich auf die Entdeckung der Weisheit kreuz und quer durch Indien begab. Ich begegnete dem Dzogchen, das durch Dudjom Rinpoche und Chatral Rinpoche inkarniert war, dem Vijnanabhairava Tantra, dank des chinesischen Yogi C. M. Chen, und schließlich dem Vajrayana in der Unterweisung desjenigen, der mein Meister werden sollte – Kalu Rinpoche. Während sieben Jahren bin ich diesem Weg gefolgt und habe viel von diesem wunderbaren Menschen gelernt, der eine vollkommene Liebe ausstrahlte. Nach und nach schien mir die magische Welt der Tibeter zu weit vom westlichen Denken entfernt, und ich habe mich dem Shivaismus aus Kaschmir zugewandt, dessen von jeglichem Gepräge beraubte Philosophie mich zutiefst berührte. Ich begegnete Lalita Devi, einer Yogini, die als Einsiedlerin lebte und mir den Weg des Spanda und des Pratyabhijna übertrug. Ihr ganz direkter Ansatz ging geradewegs zum Ziel und entging allen spirituellen Fallen. Sie ließ die Konditionierungen explodieren, brachte die Ängste ans Licht, zwang einen zur Kühnheit und zerstörte den gekünstelten Menschen durch einen königlichen Zugang zur Spontaneität. Das war kein Ansatz, bei dem ich lernte, sondern eher die recht ungezähmte Einführung in die Kargheit, in die Aufgabe aller Fixierungen. Es ging darum, wieder ein der Welt zugewandter Mensch zu werden, lebendig, begehrend, leidenschaftlich und ohne auch nur die geringste Anmaßung, etwas anderes als ein spontanes Lebewesen zu sein.

Nach unserer Trennung und angesichts der Unmöglichkeit, sie wiederzufinden, habe ich von Neuem den Ruf des Zen verspürt und bin diversen Gemeinschaften beigetreten, um die Praxis zu vertiefen. Ich habe die Gelegenheit gehabt, zu beobachten, wie es das Bewusstsein einschränkte, an Überzeugungen und Regeln zu hängen. Wie sich in mir die Systeme wieder aufbauten und wie dieses ständige Streben jegliche authentische Freiheit verhinderte. In diesen spirituellen Kreisen herrschte jeweils ein Konformismus und Puritanismus, der mir zu „religiös" war. Mich befriedigten weder meine Suche noch meine Praxis. Es fehlte ein wesentliches Element – die Freude.

Beim Unterweisen habe ich die Schwierigkeit gesehen, nun nicht meinerseits Systeme aufzubauen, die jenen ähnelten, die mich auf meiner Suche begrenzt hatten. Ich sah, wie meine Schüler erbarmungslos unserer Tendenz folgten, immer wieder neue konzeptionelle Grenzen zu errichten, Kenntnisse und Erfahrungen aufzuwerten.

Im Lauf der Jahre und in dem Maße, wie ich dem Chan (chinesisches Zen) und der Essenz des kaschmirischen Shivaismus näher kam, wurde ich immer mehr zum Bilderstürmer und verwandelte mich in einen spirituellen Anarchisten, dessen einziger Ehrgeiz darin bestand, zu einer authentischen Freiheit zu gelangen, die den eingeschlagenen Weg vergessen ließ. Ich vergegenwärtigte mir oft die Worte von Montaigne. „Ich bin Mensch, und nichts Menschliches liegt mir fern."

Es schien mir immer offenkundiger zu sein, dass man allen Begrenzungen entkommen muss und die Freude das Einzige ist, wohin man ganz von alleine strebt. Der spirituelle Diskurs erschien mir wie eine verhängnisvolle Falle. Die Begegnung mit alten Meistern aus der Tang-Dynastie machte mich für die verrückte Freiheit immer offener.

2005 begab ich mich nach China, um den einzigen noch lebenden Nachfolger Xu Yuns, des emblematischen Meisters des 20. Jahrhunderts, zu treffen. In der Person von Jing Hui sah ich die Freiheit der Vorfahren inkarniert. Ich wurde sein Schüler und erhielt die Übertragung zum Chan-Meister.

Von aller Zugehörigkeit befreit, versuche ich seitdem einfach, den Menschen, denen ich begegne, zu helfen, die Spontaneität, Freiheit und Freude wiederzufinden.

1.

DIE FREUDE IM HERZEN ALLER DINGE

Die Freude belegt einen zentralen Platz auf der Suche nach dem Absoluten, die dem ganzen Leben zugrunde liegt. Sie ist weder mit dem Vergnügen noch mit dem Glück zu vergleichen, die von äußeren Faktoren abhängen und vergänglich sind. Die Freude bildet den Mittelpunkt aller Suche und ist gleichzeitig die deutlichste Bekundung, dass ein Mensch die Harmonie erreicht hat, nach der ihn Philosophie, Kunst oder spirituelle Praxis haben streben lassen.

Was die Freude so besonders macht, ist, dass sie, wie alle wesentlichen Dinge, wiederentdeckt werden kann. Es scheint, dass wir mit dieser inneren Fähigkeit geboren werden, doch die Konditionierungen, denen wir uns unterworfen haben, uns dazu bringen, dieses grundlegende Gut zu vernachlässigen, um flüchtigere Vergnügungen zu suchen. Nach und nach lassen uns die von Vergnügen und der ein wenig künstlichen Vorstellung von Glück verursachten Enttäuschungen die Freude vergessen, die eine aufmerksame und beständige Kreativität erfordert.

Wenn man einen Menschen findet, der in der Realität verankert ist, wird man beobachten, dass allein die Freude unabhängig von jeglichem äußeren Faktor ist. Sie erstrahlt unabhängig von äußeren Gegebenheiten, und obgleich sie unbeständig ist, kann sie nichts zunichtemachen. Ihre Kraft kommt von ihrer Ungebundenheit. Sie ist zugleich das Gegenteil von Traurigkeit und Melancholie und hat mit diesen gemein, in keinem direkten Zusammenhang mit unseren Lebensumständen zu stehen. Weder der fröhliche noch der melancholische Mensch brauchen positive oder negative Gegebenheiten, um in ihrem Zustand zu baden.

Man wird sich dann fragen, wo diese Unabhängigkeit herrührt. Die Freude setzt einen Reichtum an Verbindungen voraus, die Wahrnehmung von vielfachen Faktoren, die die Einwirkung von Enttäuschung und Traurigkeit aufhebt. Diese befindet sich isoliert inmitten eines Schwarms von Glückseligkeit. Die Freude ist mit dem Gewahrsein der Welt verbunden. Sie leitet sich direkt davon ab. Die Freude wiederzufinden erfordert, die Rückkehr beziehungsweise die Entwicklung unserer Fähigkeit, den größten Bereich der Wirklichkeit, der sich in unserer Reichweite befindet, zu umfassen. Es existiert eine Praxis der Freude. Es gibt auch zahlreiche Hindernisse an der Freude, die eines nach dem anderen entfernt werden können, vorausgesetzt man hat eine tiefe Einsicht und eine klare Wahrnehmung.

Die Freude bewirkt aufs Neue eine Unschuld, die von einer verrückten Weisheit herrührt, von einer Erfahrung des Lebens in all seinen Facetten. Diese Unschuld ist kein Unwissen um die Tragik, sondern im Gegenteil eine verschärfte Wahrnehmung dieser menschlichen Dynamik. Man kann sogar sagen, sie sei mit der Freude untrennbar verbunden. Ein Gleichgewicht, ohne das die Freude noch ein zerbrechliches Gut und den Umständen unterworfen wäre.

Die authentische Freude ist ein unbegrenzter Raum, in dem sich alles manifestiert, ein ununterbrochenes Feuerwerk, das keinesfalls den Himmel trübt, sondern seine Grenzenlosigkeit entdecken lässt. Die Freude erträgt keine Halbheiten. Man kann nicht teilweise fröhlich sein. Sie ergreift den Menschen in seiner Gesamtheit – oder ist nur eine der Masken des Glücks. Die Freude setzt Kreativität und den Mut voraus, sich von einem großen Teil unserer Vorstellungen und Konditionierungen zu trennen. Mit unbeirrter Unerschrockenheit gelangt man zu ihr.

Eine Befragung über die FREUDE

- Wenn ich einen freudigen Moment erlebe, verbindet mich dieser Moment dann mit anderen freudigen Momenten und dem Ursprung der Freude?

- Scheint der Ursprung der Freude von einem Objekt abhängig zu sein oder ist es eine tiefere, vertraute, unabhängige Empfindung?

- Hängt meine Freude von meinem Gewahrsein der Welt ab? Wird sie in den Momenten großen Gewahrseins stärker? Nimmt sie ab, wenn ich zerstreut oder erregt bin?

- Habe ich den Eindruck, dass die Freude unvollständig ist und von der Intensität der durchlebten Ereignisse abhängt, oder überwältigt sie mich plötzlich und ohne ersichtlichen Grund?

- Wenn ich eine Liste von Ereignissen machen würde, die mich in Freude versetzen, wie sähe sie aus?

- Wie viele Ereignisse auf dieser Liste hängen von anderen ab?

2.

DIE ORGANISCHE FREUDE

Die einfachste und essenzielle Freude ist die organische Freude. Die erste vom Kind empfundene Freude verschwindet allmählich unter dem äußeren Druck und unter der Macht der von unseren ersten Momenten an wahrgenommenen Angst. Die organische Freude zeigt sich in unserer Jugendzeit überaus stark, später nur in kurzen Ausbrüchen. Die Verneinung und verminderte Wertschätzung des Körpers, der von den Religionen wie eine Behinderung der absoluten Reinheit gesehen wird, vergiften nach und nach die Wahrnehmung der organischen Freude. Der Körper verspannt sich, schränkt sich in seiner Erfahrung der Welt ein und leitet daraus die Idee ab, dass er nicht das Recht hat, lebendig zu sein, sondern unwiederbringlich beschmutzt ist, weshalb man ihn zugunsten des

Geistes opfern muss. Der Körper gewöhnt sich langsam daran, sich nur durch den Schmerz lebendig zu fühlen, der uns zumindest ein Zeichen gibt: Ich leide, also lebe ich.

Der erste Schritt hin zur Freude besteht darin, seinen Körper wiederzufinden, ihn zu akzeptieren und sein unveräußerliches Recht auf Leben anzuerkennen, im Mut, entschlossen auf die Verwirklichung seiner eigenen Natur zuzugehen. Die moralischen Befehle werden wie eine Serie von subtilen Hindernissen erscheinen. Man muss sie entschlüsseln und ans Tageslicht bringen. Aufmerksam dieser inneren Stimme zu lauschen, die nicht aufhört, die Kommunikation unseres Körpers mit der Wirklichkeit zu beschneiden. Woher kommt die Stimme, die uns sagt: „Du hast nicht das Recht, lebendig zu sein?“ Ist das die Stimme unserer Eltern, unserer Lehrer, von Ordensleuten, mit denen wir Kontakt hatten? Zeigt sich darin die Grundangst, das Risiko des Lebens auf sich zu nehmen? Ist das der berühmte Todestrieb, der uns auf unserer Lebensbahn begleitet? Je mehr wir dieser Stimme zuhören, umso absurder wird sie uns erscheinen. Das ist die Stimme unseres inneren Diskurses, das ist unsere Stimme. Wir können ihr also erlauben, im Schweigen unterzugehen. Zu akzeptieren, vollkommen lebendig zu sein, ist der Sinn des Lebens. Der einzige, der es uns in der Todesstunde nicht bedauern lässt, dass wir das Leben nicht vollkommen ausgeschöpft haben.

Wenn wir uns einmal zu diesem Entschluss durchgerungen haben, nämlich uns das volle Recht auf das Leben zu geben, werden wir feststellen, dass unser Körper sowie unsere Fähigkeit, das Erschauern des Lebens, unsere Emotionen, zu spüren, über Jahre von sinnlichem, mentalem und emotionalem Rückzug betäubt worden sind. Dieser hatte uns die Illusion einer äußerst fragilen Sicherheit gegeben, bereit, beim geringsten Schock zu explodieren. Man muss sich den Tatsachen beugen: Die Sicherheit existiert nicht. Sie ist, wie in der Politik, gleichbedeutend mit Kontrolle.

Das Erste, was wir auf dem Weg zur Freude aufgeben, ist der Begriff „Sicherheit". Das Leben ist schön, in dem Maß, wie es gefährlich ist. Ich erinnere mich, eine Jugendliche gesehen zu haben, die stolz ihr selbst bemaltes T-Shirt zur Schau trug. Darauf war zu lesen: „Was mir keine Angst macht, interessiert mich nicht." Lasst uns zu diesem Mut zurückkehren, um allmählich die organische Freude zu erfahren.

Unser Körper ist ein wunderbares und subtiles Instrument. Er kann uns aufgrund seiner unmittelbaren Einfachheit genau und schnell bei unseren Entscheidungen leiten. Der Wortschatz des Körpers besteht nur aus zwei Worten: Ja und Nein. Er kennt weder Zögern noch Winkelzüge. Seine Art, Ja zu sagen, besteht darin, sich zu öffnen, seine Art, Nein zu sagen, besteht darin, sich zu verschließen. Eine direkte Botschaft, die in weniger als einer Sekunde eintrifft, während unser Verstand noch dabei ist, nachzudenken, die Vergangenheit zu reflektieren, Statistiken aufzustellen oder die Risiken des Scheiterns einzuschätzen, um uns schließlich nach langen Minuten, manchmal nach langen Stunden, eine vorsichtige Lösung vorzuschlagen, der wir sicherlich zustimmen. Lassen wir den Körper nach seiner schnellen Art vorgehen, und vertrauen wir ihm, um den Verstand wieder freizumachen. Das ist die erste Praxis der Freude. Wir werden Angst verspüren und den Eindruck haben, Dummheiten zu begehen. Und das werden wir! Aber nach und nach finden wir zum ursprünglichen Vergnügen zurück, eine Verbindung mit unserem Körper hergestellt zu haben.

Dieses Vertrauen, das wir dem Körper geschenkt haben, wird unsere Fähigkeiten, das Wirkliche zu erfassen, schnell entwickeln. Unser Leben ist weniger vorhersehbar, weder für uns noch für die anderen. Wir sind über die Richtigkeit der Antworten des Körpers erstaunt, und allmählich lächeln wir über die ineffiziente Komplexität des mentalen Prozesses. Behalten wir den Verstand für das, was er wunderbar zu tun weiß, und bieten ihm Ruhezeiten. Das hat er, den wir zu sechzehn Stunden Arbeit ohne Pause zwingen, wirklich verdient. Ein großer, uns beschränkender Teil von Stress und Müdigkeit kommt vom unablässigen und sich wiederholenden Diskurs, der uns Tag und Nacht unter Beschuss hält. Der Körper kann sich nur in der Stille entspannen. Wir haben die Angewohnheit, ihn mit dem Konsum von Alkohol, Betäubungsmitteln, Bildern und Klängen in einen abgestumpften Zustand zu versetzen, ihn zu zerstreuen, wohingegen er einfach nur aus der frischen Quelle der Stille zu trinken braucht.

Wir genießen allmählich die Stille des Verstandes, der sich nicht mehr andauernd einmischt, um uns Ängste und Begrenzungen aufzuzwingen. Die denkt er sich für uns aus, indem er die Vergangenheit analysiert. Die organische Freude bedarf der Besänftigung des Verstandes, seiner Ruhe. Darauf hat er ein Recht. Er hat uns bisher wunderbar gedient, aber wir haben ihn zur Zwangsarbeit eingeteilt. Der Verstand verdient seine Ruhestunden, wie jeder Arbeiter. Für den Verstand existiert keine Gewerkschaft. Hören wir auf, eine innere Diktatur auszuüben, bevor wir uns über die äußere Diktatur empören.

FRAGEN AN UNSEREN KÖRPER

- Was hat heute Momente von tiefer Befriedigung, Vergnügen oder Freude hervorgerufen? Besteht ein Unterschied zwischen diesen Momenten und jenen Gefühlen von Befriedigung, Vergnügen und Freude?

- Wie ist das Verhältnis zwischen der Entspannung meiner Atmung und der Intensität der inneren Empfindungen?

- Wenn ich einatme, entspanne ich die Tiefenmuskeln des Bauches direkt über dem Schambeinknochen oder ziehe ich den Bauch ein?

- Wie atmet ein Baby? Ein Tier? Entspannt es den Bauch beim Einatmen oder zieht es ihn ein? Welches ist die natürliche Atmung?

- Das Gewahrsein hängt von der Entspannung des Atems ab. Was geschähe, wenn ich versuchen würde, zwanzig oder dreißig Mal am Tag meines Atems bewusst zu sein, fünfzehn oder zwanzig Sekunden lang?

- Beginnt mein Gewahrsein der Welt sich nach einigen Tagen Praxis zu verwandeln?

3.

DIE INNERE STILLE ENTWICKELN

Wie kann man die Stille entwickeln, die der organischen Freude erlaubt, sich zu entfalten? Indem man mit größter Aufmerksamkeit beobachtet, wie der innere Dialog funktioniert. Indem man sich seiner Dauerwiederholungen bewusst wird. Wir können den Wiederkäuern im täglichen Leben ausweichen, aber warum sind wir völlig unserem so vorhersehbaren, so langweiligen inneren Zwiegespräch unterworfen? Dieser Stimme zuzuhören, ist ein bisschen deprimierend. Wir werden nämlich feststellen, dass wir dieser Form, unserer Angst Ausdruck zu verleihen, total unterworfen sind.

Die Angst ist leicht zu diagnostizieren, sie steht in direkter

Beziehung zu Hoffnungsbezeugungen. Je mehr wir hoffen, umso mehr Angst haben wir. Die Hoffnung ist die Angst, die ein böses Ende genommen hat. Sie ist das Zeichen dafür, dass das Gewahrsein der Welt nicht *vor*handen ist, dafür die Freude *ab*handen gekommen ist. Man befindet sich auf der ständigen Suche nach einem Vergnügen beziehungsweise Glück, das uns froh machen soll. Da das Unendliche nicht wirklich auf uns hört, ist es selten, dass wir das erhalten, was wir uns gewünscht haben, von daher die Dauerfrustration.

Das ständige Warten auf Schönheit macht uns für die uns umgebenden Herrlichkeiten blind. Es versetzt uns in ein hypothetisches Glück, das auf sich warten lässt.

Sobald wir dem Körper einen Raum zugestehen, lässt er uns sofort entdecken, dass es uns an nichts fehlt. Es finden sich, ganz egal an welchem Tag in unserem Leben, Spuren von Schönheit, die ausreichen, um uns Freude zu bringen. Wir haben einen Körper! Er kann sich bewegen, empfinden, schmecken, sehen, riechen, hören und die tausend Parfüms der Wirklichkeit einatmen. Er kann schlafen, aufwachen, gehen, spüren, wie das Wasser auf der Haut rieselt, sich ernähren, trinken, hinausgehen, den Himmel betrachten, andere Menschen berühren, Liebe machen, sich in den Blick eines anderen hineinversenken, Musik hören oder eine aufspringende Knospe anschauen. Die körperlichen Empfindungen können nach außen wandern, die Haut nach innen, zu den Organen. Sie können uns die Fülle spüren lassen, wie wir vom Hin- und Zurückfließen des Blutes und anderer Körperflüssigkeiten abhängig sind. Wir können uns an unserer Atmung erfreuen, sie in Verbindung mit unseren Emotionen hingeben und tiefer werden lassen. Wir können spüren, wie sich unser Zwerchfell bewegt und die Energien des Unter- und Oberkörpers durchmischt. Wir können unsere Zunge spüren, sie entspannen und erstaunt sein über die kleinen Lichtblitze, die sich auf unseren Augäpfeln zeigen, wenn die Zirbeldrüse stimuliert wird. Die Entspannung der Zunge ist für die Entspannung des ganzen Kopfes entscheidend.

Je mehr Aufmerksamkeit wir dem schenken, was sich in uns abspielt, umso mehr erfreut sich der Verstand einer wohlverdienten Ruhe. Er wird in Hochform sein, um dann zu funktionieren, wenn wir ihn wirklich benötigen: Wach und frisch, genau und kreativ. Wenn er überanstrengt ist, leistet er gerade einmal das Minimum.

Unser Körper kann das Erschauern des Lebens spüren. Er kann überrascht oder erstaunt sein. Das Staunen ist das sicherste Zeichen für eine Rückkehr zur organischen Freude.

FRAGEN AN DEN VERSTAND

- Was stelle ich fest, wenn ich auf der einen Seite den wiederholt auftretenden inneren Dialog und seine Verbindung mit den wiederkehrenden Emotionen beobachte und auf der anderen Seite die fehlende körperliche Präsenz?

- Was passiert, wenn ich mein körperliches Empfinden während eines emotionalen Zustandes beobachte und vermeide, mir dazu eine Geschichte zu erzählen?

- Worin besteht der erfinderische Teil meiner Erzählung, wenn ich einem Freund von einer Emotion berichte?

- Gewinnt die Geschichte an Vielschichtigkeit, nachdem ich sie mehrmals erzählt habe, und wird sie mit Einzelheiten aufgeladen, die beim ersten Mal noch nicht vorhanden waren?

- Wenn ich mir bewusst bin, wie sich die Geschichte einer Emotion entwickelt, führt mich das zur Empfindung zurück, zum Weg, den die Emotion durch den Körper genommen hat, zu den Muskelanspannungen und ihrer Entspannung?

- Auf welche Weise verläuft eine Emotion in mir? Welches sind die empfindlichen Punkte im Körper, die auf unterschiedliche Arten von Emotionen ansprechen?

- Hilft es mir, weniger die Emotion zu denken, beziehungsweise zu beschreiben, wenn ich mich einzig auf die Empfindung konzentriere?

4.

SICH VON GEWISSHEITEN BEFREIEN

Sind die Überzeugungen, Dogmen und Gewissheiten, wie wir mit der Wirklichkeit umgehen müssen, erfolgreich? Es scheint doch, dass der Fluss der Wirklichkeit sich schlecht mit der Starrheit unserer Konzepte verträgt. Wir stellen ein Weltsystem einem Strom entgegen, der überhaupt kein System kennt. Unsere Gewissheiten werden dann vom Strom hinweggefegt. Wir befinden uns im permanenten Konflikt mit der Wirklichkeit aufgrund mangelnder Anpassungsfähigkeit.

Die Entwicklung der Freude ist die direkte Maßnahme, um unsere Vorstellungen von der Welt aufzugeben. Warum halten wir uns mit einer solchen Dickköpfigkeit an unsere starren Strukturen? Seitdem wir zur Sprache Zugang haben, sind wir von der Gewissheit genährt, dass eine Weltanschauung für das Gleichgewicht und das Glück notwendig ist. Je stärker unsere Gewissheiten werden, desto mehr haben wir Probleme mit der Wirklichkeit, die sich weigert, sich unseren Rahmenbedingungen anzupassen.

Bestünde die Weisheit nicht vielmehr darin, auf die ganze Schwere dieses mentalen Apparats zu verzichten? Das ist eine der zentralen Lehren des chinesischen Zen: Aus jeglicher Weltanschauung herausgehen, um sich schnurstracks in die Wirklichkeit hineinzubegeben. Das ist der Schlüssel zur Freiheit und Kreativität. Das ist der Schlüssel zur Freude. Wer keine Vorstellung mehr von der Welt hat, hat keine Schwierigkeiten mehr, sich ganz dem Wirklichen anzuschließen, gibt ihm doch keine mentale Bildung mehr ein Zeichen, dass das Wirkliche sich von dem unterscheiden müsste, was ist.

Was soll man tun, um sich zu entlasten? Mit Aufmerksamkeit die von unseren Vorstellungen geschaffenen Einmischungen beobachten und dann sehen, wie diese Einmischungen zu Konflikten werden, die wir nicht lösen können und die zur Last des Lebens, unserer Unzufriedenheit und Frustration noch beitragen. Es geht nichts über eine aufmerksame Untersuchung unseres Funktionierens, um seine Wirkungslosigkeit zu entdecken. Sobald wir ein klares Bewusstsein über die Verlangsamung des Lebens, die Blockaden, erhalten, werden wir der Wirklichkeit weniger Vorstellungen entgegensetzen und stellen sofort eine größere Anpassungsfähigkeit in unserem Verhalten fest.

Die Kreativität des Lebens zu akzeptieren, ist in mentaler, emotionaler und physischer Hinsicht sehr belebend. Sie lässt uns hinter jedem Ereignis, falls es als negativ vermerkt wurde, entdecken, dass wir eine unmittelbare Lehre daraus ziehen können. Wir werden ebenso beobachten, dass kein Ereignis vollkommen negativ ist. Es tritt immer etwas Positives zutage, sogar bei Katastrophen von großem Ausmaß. Fukushima ist eine schwerwiegende menschliche und ökologische Katastrophe, aber es ist nicht zu leugnen, dass sie ein geschärftes Bewusstsein über nukleare Gefahren hervorgebracht hat und die Politik von Ländern wie Deutschland und der Schweiz zu einem Atomausstieg hat umschwenken lassen. Der Bruch in einer Liebesbeziehung kann großes Leiden verursachen und gleichzeitig eine radikale Erneuerung hervorbringen, den Geschmack von Freiheit und wiedergefundener Unabhängigkeit.

„Die Menschen glauben an etwas, um zu vergessen, was sie sind. Sie verkriechen sich in Idealen, nisten sich bei Idolen ein und schlagen die Zeit unter reichlicher Zuhilfenahme von

Überzeugungen tot. Nichts würde sie mehr bedrücken, als sich auf dem Haufen ihrer hübschen Betrügereien im Angesicht der nackten Existenz wiederzufinden." (Cioran)

DIE ÜBERPRÜFUNG DER ÜBERZEUGUNGEN UND GEWISSHEITEN

- Falls ich eine Liste mit all dem aufstellen würde, was meinem essenziellen Lebensentwurf dient: Welche Dogmen, Überzeugungen oder Gewissheiten gibt es?

- Wenn ich jedes nur für sich betrachte und versuche, sie in Zusammenhang mit meiner Lebensweise zu bringen, haben mir dann die Dogmen, Überzeugungen und Gewissheiten geholfen, mehr im Einklang mit mir selber, authentischer zu sein?

- Oder stehen auf dieser Liste Einzelheiten, die – im Gegenteil – dazu beigetragen haben, eine Distanz, eine Trennung von den anderen zu schaffen?

- Höre ich meinem Gegenüber anders zu, wenn ich keine Vorstellung von einem klar umrissenen Thema habe?

- Wie viel Zeit verbringt man damit, während eines Treffens, eines Abendessens oder eines gemeinsamen Momentes Ansichten zu verteidigen?

- Geht es mir gegen den Strich, stört es mich, wenn der andere nicht meine Ideen teilt? Habe ich es nötig, zu versuchen, ihn zu überzeugen?

- Könnte ich in Betracht ziehen, dass seine Auffassung genauso vertretbar ist wie die meine?

- Was verändert sich in der Beziehung, in meinem körperlichen Empfinden, wenn ich meinen Standpunkt aufgebe?

5.

HABEN WIR DIE WAHL?

Mit dem Fluss des Lebens zu fließen, verbietet das Handeln nicht – im Gegenteil. Es stellt aber die entscheidende Frage nach der Wahl. Haben wir wirklich die Wahl? Es ist eine unserer kulturellen Grundlagen, dies zu bejahen: Der freie Wille. Die Hälfte der Welt definiert die Freiheit durch die Möglichkeit zu wählen. Die andere Hälfte gründet die Freiheit auf der fehlenden Wahlmöglichkeit. Welchen Ideen soll man, um die Erfahrung dieser Freiheit zu machen, zustimmen?

Pflichtet man einer Theorie bei, wird das die Dinge komplizierter machen. Das Alte gegen das Neue. Sie werden, je nachdem ob man Chinese oder Europäer ist, konträr sein. Versuchen wir einfach, an einen Moment zu denken, bei dem wir sicher sind, eine Wahl getroffen zu haben: Die Auflösung einer Liebesbeziehung. Wann haben wir beschlossen, den anderen zu verlassen? Im Moment, als wir unsere Koffer packten? Ein paar Monate früher? In Folge der Anhäufungen von Differenzen, Enttäuschungen oder emotionalen Schocks? Wann kam der erste Gedanke eines Bruchs auf? Als das von uns projizierte Idealbild zu real geworden war? Haben wir eine Intuition gehabt, die wir im Moment der Begegnung selbst nicht beachtet hatten? Inwiefern ist unser Wunsch nach Trennung durch unsere vergangenen Liebeserfahrungen bedingt? Welches ist die Verbindung mit den emotionalen Verletzungen in der Kindheit und Jugend? Mit der Verlustangst? Mit der Geburtserfahrung, mit dem Trennungsschock?

Wenn wir diese Prüfung vornehmen, werden wir sehen, dass jener Moment der Wahl unauffindbar ist, egal ob es die großen Momente des Lebens betrifft oder einfachere Augenblicke. Warum habe ich heute Lust, Zucker in meinen Kaffee zu tun, wo ich das normalerweise doch nicht tue? In allen Fällen muss man bis zum Ursprung des Lebens zurückkehren.

Der Begriff der Nicht-Wahl basiert darauf, dass alle Dinge miteinander verbunden sind. Da alles miteinander verbunden ist, hat alles einen unmittelbaren Einfluss auf die Gesamtheit und konditioniert sie. In diesem riesigen Wirbel werden wir mitgerissen und von Sekunde zu Sekunde auf das Unbekannte zugetragen. Welchen Platz nähme da eine persönliche Wahl ein?

Die Nicht-Wahl hebt das Schuldgefühl auf. Sowohl das unsere als auch das der anderen. Wir können den anderen nicht mehr für unser Leiden verantwortlich machen. Er wird durch ein Funktionieren zum Handeln gedrängt, das weit über seine oder unsere Person hinausgeht. Es gibt also eine absolute Freiheit. Aber diese Vorstellung zu akzeptieren, wird ihnen nirgendwo weiterhelfen. Das ist nur noch ein weiterer innerer Konflikt. Also: Was tun?

Das Wirkliche betrachten, mit den Ereignissen in Verbindung treten, mit der Bewegung der Gesamtheit mitgehen, indem wir unsere Kräfte nicht länger damit erschöpfen, ihr entgegenzuwirken. Aus diesem Verzicht entsteht eine tiefe Freude. Wir haben nicht mehr den Anspruch, zu kommandieren und uns durchzusetzen. Wir werden empfänglich für die Kreativität, die uns geschenkt wurde. Wir erforschen, was da ist, anstatt dem hinterherzulaufen, was nicht vorhanden ist.

ÜBERPRÜFUNG UNSERER WAHL

Nehmen Sie etwas ganz Einfaches, zum Beispiel die Auswahl im Restaurant. Versuchen Sie herauszufinden, wann Sie sich für Fisch oder Fleisch entschieden haben, für einen Nachtisch, für einen Kaffee oder Kräutertee. Finden Sie den Moment der Auswahl heraus. Als Sie die Speisekarte gelesen haben? Ist die Wahl mit früheren Essgewohnheiten verbunden?

- Müssen Sie die Zeit bis zu Ihrer Kindheit zurückverfolgen, um den Ursprung für Ihre Wahl zu finden?
- Wenn die eine Ihrer Wahlmöglichkeiten bedingt ist, wie sieht es dann mit den anderen aus?
- Denken Sie an die Beendigung einer Ihrer Liebesbeziehungen. Finden Sie den Moment, wo Sie beschlossen haben, Ihren Partner zu verlassen. Bis wohin müssen Sie zurückgehen?
- Wenn Sie die Empfindung haben, dass jede Handlung das Ergebnis von Milliarden von Bewegungen ist, die uns vollkommen entfallen, haben Sie wirklich selbst die Wahl

getroffen, oder wurden Sie dazu von unaufhörlichen und nicht entzifferbaren Bewegungen veranlasst?

- Können Sie sich etwas auf Ihre Handlung einbilden oder sich schuldig fühlen, wenn Sie nicht gewählt haben?

- Ist nicht jede Handlung vollkommen, wenn die Gegensätze auf kosmischer Ebene miteinander harmonieren?

- Suchen Sie nach Ereignissen, die als äußerst negativ gelten, und versuchen Sie zu sehen, ob nichts Positives dabei herausgekommen ist.

- Machen Sie das Gleiche mit einem positiven Ereignis.

6.

NACH DER WAHRHEIT SUCHEN

Wir verbringen einen wichtigen Teil unseres Lebens auf der Suche nach Wahrheit. Aber welche Wahrheit? Diejenige, die man uns mit Hilfe von Erziehung, Moral, Religion beziehungsweise spiritueller Praxis aufzuerlegen wollte, oder diejenige, die wir von selbst entdeckten? Existiert die Wahrheit? Wenn die Wahrheit existiert, müsste sie sich als absolute Größe präsentieren, der niemand widersprechen kann. Wir dürften schnell die Erfahrung machen, dass, egal was unsere Wahrheit ist, diese von den Anhängern anderer Wahrheiten niedergemacht würde. Unsere Bemühungen, aus unserer Wahrheit ein solides und uneinnehmbares System zu machen, sind vergeblich. Keine Festung kann lange widerstehen. Wir erschöpfen uns mit der Suche. Wir erschöpfen uns mit der Verteidigung. Gibt es keinen anderen Weg, der mit der Freude übereinstimmt?

Huang-po, ein berühmter chinesischer Chan-Meister (Zen) des 9. Jahrhunderts, kommt geradewegs zum Ziel, als er einen seiner berühmten Vorgänger zitiert: „Es nützt nichts, die Wahrheit zu suchen, es reicht, wenn man diesbezüglich keine Meinungen mehr in Ehren hält." Jede Meinung enthält eine unvollständige Sicht. Wenn man dieses Territorium aufgibt, beruhigt und entspannt sich der Körper/Geist und macht der Freude Platz. Huang-po fügt hinzu: „Unsere Essenz ist offen wie der Raum, das ist alles."

Ein großer Teil unserer mentalen Erregung kommt vom dringenden Bedürfnis, die Wahrheit zu finden. Das ist so, als ob wir versuchen würden, einen Stern im Himmel zu isolieren, um ihm den Status des absoluten Sterns zu verleihen. Die Weisheit besteht darin, es in der Schwebe zu lassen, sich nicht mehr an die Meinungen der anderen festzuklammern und die eigenen Meinungen nicht mehr zu bevorzugen. Die Gedanken werden fließend, sie gehen vorbei, ohne sich festzusetzen. Der Körper schaut sie mit demselben Erstaunen an, wie er den Raum betrachtet. Jede mentale und körperliche

Spannung hindert die Freude daran, sich zu zeigen. Die Freude braucht, um aufzusteigen, einen unberührten Raum, den Raum des Geistes, den Raum des Körpers.

WAS BLEIBT, WENN WIR UNSERE WAHRHEIT AUFGEBEN?

- Worin besteht in meiner Beziehung zu den anderen der Anteil in meinem Reden, der versucht, meine Wahrheit durchzusetzen?

- Inwiefern blockieren mich widersprüchliche Wahrheiten?

- Worin besteht die Verbindung zwischen meiner Fähigkeit, den anderen zuzuhören, und der Aufgabe meiner festen Standpunkte?

- Verdient ein Standpunkt den Namen „Wahrheit"?

- Was spielt sich auf der körperlichen Ebene ab, wenn ich die eigentliche Vorstellung von Wahrheit aufgebe?

- Was passiert, wenn ich das Wort „Wahrheit" durch das Wort „Authentizität" ersetze?

- Und wenn alles wahr wäre?

7.

DIE SPONTANEITÄT UND DIE ANGST

Die Spontaneität ist eine unmittelbare Antwort auf die Wirklichkeit. Sie setzt voraus, dass man einen von seinen Körperspannungen befreiten Körper hat, einen stillen Verstand, Furchtlosigkeit sowie einen fließenden Atem. Die Spontaneität ist schwer zu erlangen. Man kann sie als den idealen Test begreifen, um zu wissen, welche Freiheit ein Mensch besitzt. Wir können den Test an uns selber durchführen, indem wir beobachten, wie groß unsere Fähigkeit ist, direkt auf das Leben mit seinem unvorhersehbaren Erscheinen zu reagieren. Ein spontaner Mensch ist jemand, der die verschiedenen Masken, mit denen man ihn ausstaffieren wollte, und diejenigen, die er für sich selber angefertigt hat, hinter sich gelassen hat. Das Zögern ist ein Zeichen größter Verwirrung. Auch da muss man wieder seinem Körper vertrauen und seiner Fähigkeit, schnell mit einem Ja oder einem Nein auf Situationen zu antworten. Der Körper kann nicht „vielleicht“ oder „man wird sehen“ sagen. Er reagiert unmittelbar, indem er sich öffnet oder verschließt. Der Verstand braucht eine beträchtliche Zeit, um zu einem Schluss zu kommen und sich in die Handlung zu stürzen. Oft ist sein Zögern derart, dass er uns lieber rät, abzuwarten und nichts zu tun. Der Verstand hat Angst. Der innere Diskurs baut diese Angst auf und unterhält sie, indem er uns alle unerfreulichen Möglichkeiten aufzeigt, die es erst abzuwägen gilt, bevor wir handeln. Mit der Zeit werden wir zu einem furchtsamen Menschen. Wir warten darauf, dass die anderen oder das Leben uns zum Handeln zwingen.

Die Angst kommt vom inneren Diskurs. In der mentalen Stille kann es nur eine instinktive Angst geben, die uns das Leben retten kann. Sie ist eine unmittelbare Antwort des Körpers. Die Angst, die uns interessiert, ist die psychologische Angst. Die, die wir vor jedem unerwarteten Moment im Leben erzeugen. Die Angst spricht mit uns, sie konditioniert uns. Dank unseres unablässigen inneren Zwiegesprächs nimmt sie Gestalt an. Wir können ihr zuhören, ihre Konstruktion auseinandernehmen, wie man das mit den verschiedenen Räderwerken einer Uhr macht, und sehen, wie sie in dem Maße, wie wir sie beobachten, weniger wird. Die Angst hat einen Körper. Die Feststellung, dass wir die Schöpfer unserer Angst sind, führt uns nach und nach zur Stille, die Spontaneität zulässt. Je spontaner wir sind, umso mehr kommt Freude auf. Eine grundlegende Freude, die von unserer Handlungsfreiheit herrührt und keines speziellen Grundes mehr bedarf, denn im Spontanen zeigt sich die Schönheit der Welt und ihres Wesens von allein. Wir sind dann in Verbindung mit einer Vielzahl an Elementen, die uns entzücken, ohne dass wir sie uns aneignen müssen. Diese Freude ist eine uneingeschränkte Lust an der Schönheit, lebendig zu sein und die unaufhörliche Kreativität der Wirklichkeit als Spiegel unserer eigenen Kreativität aufnehmen zu können.

WOVOR HABE ICH ANGST?

- Eine Liste der Ängste aufstellen.
- Lassen sich diese Ängste auf eine einzige Angst reduzieren?
- Ist die Angst vor dem unendlichen Raum nicht der Ursprung aller untergeordneten Ängste?
- Wie viele Sekunden brauche ich, um auf unerwartete Gegebenheiten zu antworten?
- Welche Rolle spielt der Verstand während dieser Zeitspanne?
- Kann ich einen Konflikt zwischen der Antwort des Körpers und des Verstandes beobachten?
- Welche ist unmittelbarer?
- Ist die Unterdrückung des Spontanen eine gesellschaftliche Angst?

- Wenn es mir gelingt, spontan zu sein, geschieht das, weil ich unmittelbar meinem Körper oder meinem Verstand vertraue?

- Gewinnt auch mein Geist an Schnelligkeit, wenn die Spontaneität immer häufiger zum Ausdruck kommt?

- Besteht ein Unterschied zwischen Körper, Geist und Emotion?

8.

DIE ILLUSION DER VERÄNDERUNG

Die Vorstellung der unausbleiblichen Veränderung klingt zu schön, um wahr zu sein. Von klein auf sind wir darauf konditioniert, uns ein angemessenes Verhalten zu eigen zu machen, das aus uns einen gesellschaftlich annehmbaren Menschen macht, also potenziell zuneigungs-, bewunderns- und liebenswert. Wir gewöhnen uns sehr schnell an dieses System, das den äußeren Schein über die Authentizität stellt. Die immerfort an uns gerichtete Botschaft lautet einfach: „Du wärest besser, wenn Du ein anderer wärest." Unser Leben lang wird sie uns von unseren Eltern, Lehrern und Partnern überbracht. Die ständige Kritik, der wir ausgesetzt sind, bringt uns dazu, den Schein zu wahren, um eine gewisse Ruhe genießen zu können. Wir kaufen uns Bücher: „Wie werde ich..." Wir befolgen Methoden. Wir versuchen, vor den anderen alles zu verbergen, was wir als unpassend empfinden, und bald wird unsere innere Selbstzensur unerbittlicher sein als alle äußeren Zensoren zusammen. Wir haben Erfolg, werden bewundert und geliebt, für das, was wir nicht sind. Dass wir eindeutig nicht die Einzigen sind, die lügen, ist ein Trost. Das nennen wir so freundlich „das Gesellschaftsspiel", aber das Spiel entfernt uns mehr und mehr von dem, was wir wirklich sind, bis wir es möglicherweise völlig vergessen. Mit Hilfe eines Schocks versuchen wir uns wiederzufinden, um uns endlich ungeschminkt in unserer Wahrheit zu zeigen.

Wenn wir die unterschiedlichen Veränderungsmethoden beiseitelassen, beginnen wir eines Tages einen anderen Aspekt der Veränderung zu erahnen. Dieser besteht nicht in der Zuflucht zu einem nicht existierenden Menschen, der zu sein wir vorgeben, sondern in einer Rückkehr zur Wurzel dessen, der wir wirklich sind. Wir entwickeln eine gewisse Zärtlichkeit für dieses verborgene, aber sehr lebendige Wesen, und sobald wir den äußeren Schein fallen lassen, entdecken wir, wie sehr unser authentisches Sein der Möglichkeiten zur Äußerung beraubt war.

Die Rückkehr zu sich selbst bedeutet einen entscheidenden Schritt zur Freude. Dieser Mensch dort wartet einfach darauf, durch sich selbst anerkannt und geliebt zu werden. Er bittet darum, in seiner Gesamtheit angenommen zu werden, mit seinen Licht- und Schattenseiten, seiner Vernunft, seiner Verrücktheit, seinen Exzessen und seiner Kreativität, die sich entsprechend der Anerkennung, die wir ihm zollen, entwickelt. Die lange Rückkehr zu sich selbst ist die einzig mögliche Veränderung. Der Zugang zur Freude ist ohne diese Rückkehr durch ein künstliches und illusorisches Selbstbild blockiert.

Wir fürchten ein wenig den Moment, in dem der authentische Mensch sich zeigt, ohne zu merken, in welchem Maß dieser Zustand ansteckend ist. Es ist möglich, dass unsere Nächsten erst einmal schockiert sind, aber es ist wenig wahrscheinlich, dass sie nicht in Versuchung geraten, ihre eigene Authentizität zu zeigen. Dieses Aufscheinen bringt uns mit denjenigen in Berührung, die den Mut empfinden, sie selber zu sein, und sich nun wiederum zu dieser Erkenntnis hinreißen lassen. Selbst wenn wir Hindernissen begegnen, besteht die unmittelbare Auswirkung des Erkennens in der Bekundung einer Freude, die niemanden gleichgültig lässt.

BIN ICH HEUTE WIRKLICH ANDERS?

- Schauen Sie ein Kinderphoto von sich an und blicken gleichzeitig in einen Spiegel. Ist es ganz und gar dasselbe Gesicht?

- Machen Sie eine Liste mit den hauptsächlichen Anstößen zur Veränderung, die für Sie seit Ihrer Kindheit galten. Was sind die immer wiederkehrenden Ziele, die Sie erreichen sollten?

- Welche Anstrengungen haben Sie unternommen, um zu versuchen, dieser Andere zu werden?

- Haben Sie es geschafft, diejenigen zufriedenzustellen, die Ihre Veränderung gewünscht haben?

- Hat es Frustration, Verbitterung oder ein Gefühl von Erbärmlichkeit hervorgerufen, dass die Veränderung misslungen ist?

- Haben Sie schon einmal Ihre authentische Natur wahrgenommen und jegliche Vorstellung aufgegeben, ein anderer, eine äußere Erscheinung oder eine Gesellschaftsmaske zu sein?

- Welche Empfindung hat Ihnen die Rückkehr zu Ihrer Essenz verschafft?

9.

DIE MACHT DES BEGEHRENS

Das Begehren wird häufig als Widersacher von Harmonie und innerem Frieden betrachtet. Von den Religionen verteufelt, ist es der unzerstörbare Restmüll, den man loswerden muss, sonst droht man auf dem Kamm der Wellen, die er in uns auslöst, hin und her geworfen zu werden. Das Begehren wird fast immer mit Mangel in Verbindung gebracht. Das verstärkt wiederum die Unmöglichkeit, es völlig zufriedenzustellen. Spinoza hingegen hat es mit Kraft assoziiert und uns einen neuen Weg gezeigt. Das Begehren zu beobachten, heißt, die Dynamik eines jeden Menschen zu verstehen, sollte er Verzicht leisten, was wiederum eine Form des Begehrens ist.

Man kann sich die Frage stellen: „Inwiefern ist das Begehren für die Freude wesentlich?“ Man kann auch einen Perspektivenwechsel vornehmen und aufhören, sich für den Nabel der Welt zu halten, unter dem Vorwand, zu meinen, man sei der einzige Bewahrer des Bewusstseins. Stellen wir uns eine Sekunde vor, die Materie sei von Bewusstsein aufgeladen und rufe nach uns, und wir seien diejenigen, die auf sein Begehren antworten müssen. Die Bewegung, die uns erfüllen wird, ist leichter, von einer gewissen Anmut berührt. Der Himmel begehrt mich, die Aprikose begehrt mich. Keine Einbahnstraße mehr. Alles ist Bewegung. Die Welt kommt auf mich zu, ich nehme sie auf. Ich verliere die Vormachtstellung des „Ich". Ich schwebe in einer begehrenden Sphäre, jedes ihrer Atome ist von Natur aus dazu gedrängt, sich mit mir zu verbinden. Das genau ist der Zustand der Freude, die alle Arroganz verloren hat. Der freudige Mensch ist empfänglich für das Feuerwerk der Wirklichkeit. Er lässt sich vom farbigen Funkenregen des unaufhörlich Entstehenden und Vergehenden durchbohren, durchdringen und erhellen. Sein Gewahrsein führt ihn nicht dazu, sich auf ein in die Ferne entschwindendes Objekt zu konzentrieren, sondern vielmehr auf das fortwährende Erscheinen der Objekte in der Vielfältigkeit. Die Freude lässt uns genau dieses offene Begehren entdecken und eben keine Dynamik, die sich auf ein einziges Objekt stürzt, dort ihre ganze Hoffnung auf Befriedigung hineinlegt und so ihrem Untergang entgegengeht.

Im Begehren ist die Vorstellungskraft auf ihrem Höhepunkt. Lassen wir sie machen, denn sie ist ein Vorgeschmack unserer zukünftigen Entdeckung. Lassen wir sie handeln, ohne uns zu überstürzen, und uns dabei wirklich an den Bildern erfreuen, die wir gestalten. Genießen wir die Frucht, bevor wir sie zum Mund führen. Diese Pause in der Dynamik entschärft das unheilvolle Paar Begehren/Besitz und zeigt uns, dass der köstlichste Besitz darin liegt, dem Vorstellungsvermögen Zeit zu geben. Wenn uns das Objekt nun entwischen würde, müssten wir keinerlei Frustration verspüren, denn wir hätten es bereits in vollen Zügen genossen.

Eine solche Art, das Begehren zu erforschen, zeigt uns, dass es zwei Dynamiken in der Bewegung gibt: Die eine konzentriert die ganze Energie auf ein einziges Objekt und leidet darunter, es nicht zu besitzen oder es zu verlieren. Eine zweite Dynamik tritt gebündelt auf und bleibt immer mit der Vielfältigkeit in Kontakt. Dieses Begehren kennt keine Frustration, denn im Moment seines Entstehens ist es befriedigt. Man könnte sagen, es ist das Begehren des Philosophen, ein Begehren, das sich weder verkrampft noch anspannt, ein Begehren in Form des unbegrenzten Raums, das die Welt in ihrer erschauernden Gesamtheit enthält.

Wenn wir weiterhin beobachten, wie wir begehren, können wir auch entdecken, dass sich hinter jedem besonderen Begehren das umfassendere und geheime Begehren verbirgt, das authentische und freie Selbst zu finden, das sich nach und nach von seinen Konditionierungen und Ängsten freimacht, um das Leben mit Leidenschaft zu erforschen.

WELCHES SIND MEINE STÄRKSTEN WÜNSCHE?

- Die Liste mit dem, was ich mir am meisten auf der Welt wünsche, aufstellen!
- Gibt es auf dieser Liste Teilbereiche, die ich bereits erfahren habe, die ich jedoch gerne auf beständigere Weise genießen würde?
- Könnten alle meine Wünsche zu einem einzigen Wunsch zusammengefasst werden?
- Was ist es?
- Hängt die Befriedigung dieses Begehrens von anderen ab?
- Kann ich sie durch mich selbst erhalten, wenn die anderen sie mir nicht verschaffen?

10.

DAS WIRKLICHE

Vimalakirti, ein Laie, der zur gleichen Zeit wie Buddha lebte, zerstörte durch seine unvorstellbare Freiheit die Konzepte der auf dem Weg am weitesten fortgeschrittenen Mönche. Man findet in seinem Sutra, das zu den bilderstürmerischsten Sutras des Buddhismus gehört, einige Perlen über das Wirkliche, in dem Sinn, wie wir es nun vernehmen:

„Das Wirkliche ist frei von Eigenschaften, denn nichts bedingt es." Sein chinesischer Kommentator Seng Zhao (374-414) fügt hinzu: „Kein mentaler Faktor bedingt es, nicht der Hauch einer Veranschaulichung, nicht der leiseste Widerhall eines Gedankens. Die Eigenschaften entstehen mit den Konditionierungen, ohne die ist es mit den Eigenschaften nämlich vorbei."

Was hindert uns daran, direkt auf das Wirkliche zuzugehen und eine unmittelbare Freude bei seiner Berührung zu erfahren? Das schwere Gepäck unserer Überzeugungen und Gewissheiten! Im Herzen des Chan (Zen) findet man den ausdrücklichen Befehl der chinesischen Meister, denen zufolge es entscheidend ist, sich seines begrifflichen Plunders zu entledigen – unsere buddhistischen Dogmen, wie zum Beispiel die Leerheit aller Dinge, natürlich eingeschlossen – um sich der Wirklichkeit anzunähern. „Unsere Schule hat weder Schlagworte noch Doktrinen zum Weitergeben", sagt Hongzi. Was die Methode betrifft, die ist einfach:

„Reinige unmittelbar Staub und Makel der subjektiven Gedanken. Sind Staub und Makel einmal abgewaschen, ist Dein Geist offen, leuchtend, grenzenlos, ohne Zentrum und Extreme. Vollkommen eins, von einer strahlenden Helligkeit, scheint er durch das Universum hindurch und schneidet Vergangenheit, Gegenwart und Zukunft ab."

Mit diesem Strahlen in Berührung zu kommen, heißt, mit der Freude in Berührung zu kommen. Aber wie kann man den begrifflichen Filter aus dem Weg räumen, der unsere Wahrnehmung des Wirklichen verlangsamt und entstellt? Durch ein klares und wiederholtes Bewusstsein darüber, wie unser Verstand funktioniert, durch eine unmittelbare Wahrnehmung unserer beständigen Vorlieben und Abneigungen, sowie unserer Angewohnheit, immer Unterschiede festzustellen. Unsere Meinungen bilden schließlich eine ungeheuer dichte Masse, die sich zwischen die Wirklichkeit und unsere Wahrnehmung von ihr stellt. Unsere Tendenz, das kleinste Teilchen in eine Geschichte zu verwandeln, die mit jedem Mal anschwillt, sobald wir sie vor uns selber wiederholen, bildet letztlich einen Filter, der den Schwung und die Schönheit des Wirklichen zurückbehält, um nur noch eine Erzählung übrig zu lassen, die mit der unmittelbaren Wahrnehmung gar nichts gemein hat.

> „Vor dem Blitz
> ist erhaben der,
> der nichts weiß."
> Basho

Ein feines Bewusstsein der Verzerrungen, die unsere begrifflichen Knoten bewirken, zeigt uns die Absurdität unseres inneren Diskurses, der sämtliche Wahrnehmungen in einen Groschenroman verwandelt, dessen Helden wir sind. Nach und nach wird unser Hang, das Wirkliche zu beschreiben, nachlassen, dann verschwinden. Es gibt fast keinen Filter zwischen Bewusstsein und Wirklichkeit, fast keinen Kommentar mehr. Wir werden zu diesem Raum, durch den alles hindurchgeht und der dabei Spuren im Bewusstsein zurücklässt, Spuren von Licht und Freude.

DAS UNMITTELBAR WIRKLICHE

- Versuchen Sie, ein Ereignis zu leben, ohne es zu benennen, ohne es zu beschreiben, ohne es zu vergleichen.

- Ist die unterschiedliche Intensität der Beziehung zur Wirklichkeit spürbar?

- Wie kommt das Wirkliche in der inneren Stille zum Vorschein?

- Wie schmeckt es?

- Nichts mehr zu „wissen" – behindert das die Intensität der Empfindung?

- Wie tötet die Beschreibung einer Empfindung die Intensität dieser Empfindung?

- Welcher Zusammenhang besteht zwischen innerer Stille und Unschuld?

- Welcher Zusammenhang besteht zwischen Unschuld und Kreativität?

11.

GEDANKEN, EMOTIONEN, EMPFINDUNGEN

Gedanken, Emotionen und Empfindungen scheinen drei voneinander unabhängige Bereiche zu sein. Es ist zweckmäßig, sie als solche zu betrachten, um über sie zu sprechen, aber in Wirklichkeit sind die Verbindungen so zahlreich, dass jede Sekunde aus tausenden von neuronalen Verbindungen besteht, die Denken, Emotion und Empfindung durch den Körper hindurch miteinander kommunizieren lassen. Diese rasant schnellen Verbindungen erlauben der Freude, sich zu manifestieren, sobald unser System nicht mehr von Grübeln, Unterscheidung und Angst überschwemmt wird. Die beiden ersten werden durch letztere verursacht. Eine sorgfältige Überprüfung wird uns zeigen, wie sich ein Gedanke unmittelbar auf körperlicher Ebene auswirkt. Unser Körper, der sich in subtiler Alarmbereitschaft befindet, zeigt uns sogleich die Einwirkung. Von Sekunde zu Sekunde ist unser Körper unzähligen klimatischen Veränderungen unterworfen. Das Blut zirkuliert schneller, unsere Haut öffnet sich, unsere inneren Organe verspannen oder entspannen sich, unsere Muskeln lassen los oder richten eine Schranke auf, um die Emotionen zurückzuhalten.

Es ist ganz entscheidend, auf den Körper zu achten, um zum Bewusstsein unserer Affekte vorzudringen und der Einwirkung jeden Gedankens, jeder Stille zu folgen. Ein stiller Gedanke, der frei vom Wiederkäuen ist, denn wir halten den ersten Gedanken nicht für ein Handikap – entspannt den Körper unmittelbar, und in diesem dem Wirklichen hingegebenen Körper zeigt sich die Freude sofort. Manchmal entsteht Verwirrung, wenn man vom Nicht-Denken spricht. Man setzt keine Abwesenheit von Gedanken voraus, sondern einfach, dass man weder an Gedanken festhält noch sie besonders aufwertet. Sie durchqueren den Raum wie ein Komet, wie ein Flug von Zugvögeln, ohne Spuren zu hinterlassen, ohne Anhaftung oder weiteres Nachdenken zu verursachen.

In der innerlichen Erfahrung der Freude geht es nicht darum, irgendetwas abzuschneiden oder zu kontrollieren. Es ist eine zunehmende Kargheit, eine Einfachheit des Seins, eine Unschuld, die durch den Zauber des Gewahrseins der Welt wiedergefunden wurde. Dieses Gewahrsein wurde von allen Mystikern, Künstlern und Philosophen entdeckt und vollzieht sich in zwei Stufen. Die erste besteht in der Konzentration auf ein Objekt. Sie wirkt sich beruhigend auf den Körper aus, besänftigt den Verstand und gibt uns den Atem zurück. Sie öffnet uns für die zweite Stufe, nämlich für eine direkte Wahrnehmung des Wirklichen. Die Meditation lässt uns die beiden Phasen durchlaufen, die traditionellerweise unter den Namen Samatha (Ruhe) und Vipassana (tiefe Durchdringung) bekannt sind. Aber Meditation bedeutet nicht immer, dass man sitzen muss. Sie ist das Gewahrsein der Welt. Die Chan-Meister haben fast alle mit Humor und manchmal mit einer vernichtenden Heftigkeit kommentiert, wie sehr die Sitzmeditation die Praktizierenden in Reissäcke verwandeln kann. Sie haben betont, dass es eine unheilbare Krankheit sei, in der Leere zu verweilen. Die Meditation geht nirgendwo hin. Sie sucht nichts, sie ist bar jeden Objekts. Sie manifestiert sich im Fehlen von Beziehung. Sie ist nur Raum, indem sich das Wirkliche von dem Bedürfnis, etwas Besonderes zu sein, ausruht. Die innere Stille ergibt sich nicht aus der Meditation, sie ist deren Manifestation, und in dieser Stille entfaltet sich die Musik. Die Meditation ist ein Zustand aufgeweckter Kreativität und mentaler Klarheit, die sich in unserer Verbindung mit dem Wirklichen zeigt und ihren schönsten Ausdruck in der Handlung findet. Es ist überhaupt nicht nötig, sich von der Welt zurückzuziehen, um voll und ganz mit dem Leben und der Freiheit in Berührung zu kommen.

BEOBACHTUNG DER GEDANKEN, EMOTIONEN UND EMPFINDUNGEN

- Kann ich eine Emotion denken, empfinden, erleben und von einem zum anderen übergehen, ohne dass die beiden anderen darin eingebunden sind?

- Wo bin ich, wenn mein Geist still ist?

- Gibt es in der Stille eine Trennung zwischen mir und der äußeren Welt?

- Wie wirkt sich die innere Stille auf meinen Körper und meine Wahrnehmungen aus?

- Reisen die Emotionen freier in mir herum?

- Gehen sie durch mich als einen unbegrenzten Raum hindurch?

- Stagnieren sie im zu einem Auffangbecken gewordenen Körper?

- Kann es in einem Körper ohne begriffliche Begrenzungen ein intensives emotionales Leben geben?
- Habe ich bereits eine Empfindung von Körper-Raum erlebt?

12.

EIN GEWAHRSEIN DER WELT ENTWICKELN

Das Gewahrsein kommt ganz von allein, wenn uns eine Sache oder ein Mensch fesselt. Unsere ganze Aufmerksamkeit richtet sich dann auf einen einzigen Gegenstand, und wir sind in der Lage, das, was sich vor uns befindet, wirklich zu schmecken, zu riechen, zu sehen, zu hören oder zu berühren. Das Vergnügen an der Präsenz nährt und beruhigt uns und versetzt uns in Freude. Während wir in unserer Kindheit oder Jugend die Welt entdecken, ist es so intensiv, dass wir Stunden in diesem aufnahmebereiten und neugierigen Zustand verbringen. Mit der Zeit sammeln sich Erfahrung und Wissen an, schwächen unsere Neugier und unsere Verwunderung. Wir wissen Bescheid, wir verlieren nach und nach die Präsenz, wir kennen Langeweile und Überdruss. Nichts mehr bringt uns zum Staunen. Das ist die Lage der meisten Erwachsenen, die übrigens die natürliche Präsenz der Kinder und Jugendlichen für Zerstreutheit halten. Dieses Fehlurteil, dass Präsenz für Zerstreuung hält, bringt uns von der Erfahrung der Welt ab, um uns an das zu halten, was die anderen dazu sagen.

Anstatt auf ihre Beziehung zur Welt zu hören, interessieren wir uns nun direkt dafür. Denken wir einen Augenblick an unsere lebendigsten Jugend- und Kindheitserinnerungen, und wir werden entdecken, dass es reine Momente des Gewahrseins sind. Unsere Fähigkeit, uns angesichts des Neuen zu konzentrieren, war so stark, dass wir ganz natürlich minutenlang ohne mentale Schwankungen dazu fähig waren, ein Blatt zu beobachten, ein Tier, einen Schatten, den Sternenhimmel oder das Meer – manchmal sogar über Stunden. Diese Momente haben eine unauslöschliche Spur in uns hinterlassen, wohingegen wir die Namen derer, die uns nahestanden, vergessen haben, zuweilen sogar die Form ihres Gesichts. Träfen wir sie zwanzig Jahre später wieder, würden wir sie nicht mehr erkennen. Dieses Blatt, diesen Himmel, diese Libelle jedoch schon.

Wie kann man jenen Zustand des Gewahrseins wiederfinden? Durch eine Vielzahl von kurzen Abstechern in die Wirklichkeit. Zehn oder zwanzig Sekunden genügen. Wir bemühen uns ein klein wenig, einen Gegenstand oder einen Menschen wahrhaftig anzuschauen, zu spüren oder zu berühren; dann verlassen wir nach einer ganz kurzen Zeitspanne das Gewahrsein, um zum normalen Zustand der Zerstreutheit zurückzukehren. Gehen wir bewusst aus dem Gewahrsein heraus, bekommen wir nach und nach ein klares Zeichen, wenn wir das Gewahrsein unbewusst verlassen. Diese zu Beginn ein wenig frustrierende Praxis – denn wir zwingen uns, das Gewahrsein loszulassen – ist jedermann zugänglich, weil sie eine leichte und zeitlich begrenzte Bemühung erfordert. Sie ist äußerst wirksam, um das Gewahrsein zu entwickeln. Das hat einen ganz einfachen Grund: Das Gewahrsein bereitet uns Vergnügen, und wir lieben das Vergnügen. Das Vergnügen, das sich mehrfach am Tag wiederholt, offenbart uns, dass es in unserem Alltag weder Banalität noch Wiederholung gibt. Selbst wenn wir jeden Morgen duschen, ist es jedes Mal vollkommen anders. Selbst wenn wir denselben Tee aus denselben Schalen trinken, ist die Erfahrung jeden Tag neu. Diese Entdeckung macht uns froh, lebendig und verbunden zu sein. Es wird unsere Erwartungen an ein Vergnügen oder Glück verheißendes Ereignis zerstreuen. Wir werden viel weniger Zeit damit verbringen, über den Erhalt von Dingen, die uns glücklich machen sollen, zu fantasieren. Das ist übrigens ein guter Maßstab für unsere Qualität der Präsenz. Sie lässt die

Hoffnung verschwinden, denn diese ist eine Form der Angst und ein Eingeständnis der Unfähigkeit, präsent zu sein.

Die Präsenz lässt uns auch aus der Einsamkeit herauskommen. Sie erregt die Neugier und das Interesse der anderen. Die Präsenz ist eine seltene Form der Schönheit. Jeder Mensch ist dafür empfänglich. Sie ähnelt dem Zustand der Verliebtheit. Haben Sie festgestellt, wie Sie Neugier und ein außergewöhnliches Interesse entfalten, wenn Sie verliebt sind? Die Präsenz übt dieselbe Wirkung aus. Man könnte sagen, die Präsenz ist ein Zustand der Verliebtheit, der nicht mehr nur eines einzigen Objektes bedarf. Es ist eine Öffnung zur vielfältigen Schönheit der Welt in einer strahlenden mentalen Stille.

GEWAHRSEINSTEST

- Höre ich zu oder denke ich an meine Antwort, wenn jemand spricht?

- Wie viele Sekunden lang kann ich mich auf eine einfache Handlung konzentrieren (Tee trinken, duschen, eine Frucht essen, ein paar Minuten Musik hören, die Seite eines Buchs lesen, eine Landschaft betrachten), ohne dass sich der Verstand einschaltet?

- Habe ich den Eindruck, meine innere Stimme zu hören?

- Wie oft, wie viele Stunden, wie viele Tage, käue ich, wenn man mich mit einer Bemerkung verletzt, die gehörten Worte wieder?

- Bin ich mir meiner Augenbewegungen bewusst? Blinzele ich oft?

- Spüre ich manchmal meine Atmung, die Bewegung meines Zwerchfells, die Entspannung meiner Zunge?

- Stelle ich mich in einer heiklen Situation dieser Situation oder versuche ich, mich abzulenken, um sie zu vergessen?

- Wie lange brauche ich, um zu antworten oder um zu reagieren, wenn man mir eine Frage stellt oder wenn eine Situation eine Reaktion erfordert?

- Sind meine Antworten klar, oder verraten sie einen Mangel an Spontaneität?

- Habe ich den Eindruck, dass ich die kleinen Dinge des Lebens genieße, oder warte ich auf wichtige Ereignisse, denen ich die Macht zugestehe, mein Leben zu verändern und mir das Glück zu bringen.

- Kann ich sagen, dass mir das Leben viel schenkt?

- Spüre ich manchmal, dass sich mein Körper und Geist in vollkommener Harmonie befinden?

- Wessen Entscheidung setzt sich durch, wenn sie gegensätzlicher Meinung sind?

- Ist meine Antwort schneller, wenn ich meinem Instinkt,

meiner Intuition folge, als wenn ich meinem Verstand folge?

- Bedauere ich es, wenn ich spontan bin?
- Wer täuscht sich häufiger, der Verstand oder der Körper?
- Wie lange dauern meine Überlegungen, die Kommentare des inneren Dialoges, wenn ich einen Irrtum begehe?
- Fühle ich mich schuldig?
- Werde ich mir manchmal des Irrtums bewusst, um sofort zur mentalen Stille zurückzukehren?
- Würde ich mehr Chaos oder mehr Harmonie um mich herum verbreiten, wenn ich spontaner wäre?
- Halte ich meine Fähigkeit, spontan zu leben, zurück, um die anderen nicht vor den Kopf zu stoßen?
- Würde meine Freiheit die anderen zu einer größeren Aufgeschlossenheit bringen, wenn ich mich gehen lassen würde?

13.

DIE FREUDE, EINE GRÖSSERE VOLLKOMMENHEIT?

Antonio R. Damasio schreibt in seinem Essay „Der Spinoza-Effekt“: „Man kann mit Spinoza in der Aussage einig gehen, dass die Freude (lateinisch: laetitia) mit dem Übergang des Organismus zu einer größeren Vollkommenheit in Verbindung gebracht wird. Zweifellos in der Bedeutung einer größeren funktionalen Harmonie, aber auch im Sinn von gesteigerter Kraft und Freiheit.“

Die funktionale Harmonie ergibt sich aus einer tiefgehenden Annahme unseres unbewussten Funktionierens. Das Annehmen dieser inneren Alchemie, die bewirkt, dass ein großer Teil unserer Prozesse ohne unser Wissen stattfindet und das Bewusstsein sich unrechtmäßig die Vorstellung der freien

Wahl zu eigen macht, ist vollkommen dem Geheimnis und den Spielen des Gehirns unterworfen. Was wir als bewusste Wahl bezeichnen, ist nichts als eine späte Aufwertung von Tausenden von unbewussten Vorgängen.

Die Neurologen behaupten, dass das Gehirn 23/100stel einer Sekunde braucht, um die Vorgänge auszuführen, die der Handlung vorausgehen. Der bewusste Teil des Gehirns wählt nur das, was das Unbewusste bereits gewählt hat. Das weist auf den maßlosen Hochmut hin, der hinter der Vorstellung der freien Wahl steckt. Das Bewusste tut nichts, als eine Schlussfolgerung zu vereinnahmen, und in den besten Momenten von Spontaneität macht es das sieben oder acht Sekunden später. Eine neue Definition des Spontanen könnte sich daraus entwickeln. Das Spontane wäre einfach nur die unmittelbare Annahme der unbewussten Wahlmöglichkeiten ohne theoretischen, moralischen oder gesellschaftlichen Widerspruch: Eine große Vereinigung von Körper und Verstand, Unbewusstem und Bewusstem. Man könnte fast sagen, spontan zu sein, ist gleichbedeutend mit unbewusst zu sein. Das, was wir als *das* Bewusstsein bezeichnen könnten.

Manche Zen-Meister oder Menschen, die Kampfsportarten ausüben, schaffen es, da sie mentale Stille und Konzentration gewöhnt sind, diese Zeit von sieben beziehungsweise acht

Sekunden beträchtlich zu reduzieren. Das steht auf dem Spiel während der formellen Begegnungen, wo der Meister dem Schüler ein Koan aufgibt und eine sofortige Antwort erwartet: Diese genügt, um über den Aufstieg des Schülers in der meditativen Praxis zu entscheiden.

Die Geschichte des im 9. Jahrhundert lebenden chinesischen Meisters Xiangyan ist dafür ein Beispiel. Er sagt seinem Schüler: Nimm einmal an, du hältst dich mit den Zähnen an einem Ast oben am Wipfel eines großen Baumes fest und kannst weder Hände noch Füße benutzen. Ein Schüler geht vorbei und fragt dich nach dem höchsten Sinn des Zen. Wenn du nicht antwortest, weichst du der Frage aus. Wenn du antwortest, fällst du herunter und verlierst dein Leben. Was tust du?

Mehr als eine Sekunde Zögern gilt als ein deutliches Zeichen von Verwirrung und endet mit einer unmittelbaren Rückkehr zur Meditation. Das Schöne an dieser Praxis ist, dass man sich keine „gute" Antwort ausdenken kann. Allein die Spontaneität kann uns retten, und wenn der Schüler lebendig genug ist, eine Antwort zu liefern, lässt der Meister sicherlich nicht locker, es sei denn, er wäre absolut überzeugt.

Wenn wir diesem Beispiel folgen, ohne Zen oder eine andere Disziplin praktizieren zu müssen, können wir unsere Fähigkeit testen, indem wir nicht nur den an uns gerichteten Fragen antworten, sondern auch den spontanen Ausbrüchen des Lebens, die eine unmittelbare Antwort erfordern. Das wird uns ein ziemlich klares Gefühl für unsere Fähigkeit geben, vollkommen lebendig zu sein.

DIE AUSWIRKUNGEN DER FREUDE

- Haben Sie, wenn Sie sich freudig fühlen, den Eindruck, dass Sie diese Freude einem wichtigen Ereignis schulden, oder empfinden Sie eine grundlegende, von sämtlichen Faktoren unabhängige Freude?
- Verweilt die Freude in Ihnen, wenn der Grund zur Freude schwindet?
- Welche Auswirkungen hat die Freude auf die Bauchmuskeln, auf die Atmung?
- Spüren Sie die inneren Organe?
- Stellt sich eine sanfte Vibration im Körper ein?
- Entspannt sich Ihr Gesicht?
- Haben Sie den Wunsch, zu lächeln oder zu lachen?
- Denken Sie noch an etwas anderes, das Ihnen eine tiefere Befriedigung verschaffen könnte?

- Beruhigt sich Ihr Herzrhythmus?
- Haben Sie vermehrten Speichelfluss?
- Empfinden Sie die gleichen Symptome, als ob Sie verliebt seien?
- Waren Sie schon einmal in niemanden verliebt und haben dennoch die Glückseligkeit der Liebe genossen?
- Haben Sie den Eindruck, dass der Körper sich über seine Konturen hinaus ausdehnt, dass er weiter und unbestimmbar wird?

14.

EIN GLEICHGEWICHT ZWISCHEN AUTOPILOT UND BEWUSSTSEIN

Ist es möglich, vollkommen bewusst zu werden? Die Vielzahl und die Schnelligkeit unserer unbewussten Vorgänge sind solcher Art, dass unser Bewusstsein implodieren würde, wenn wir die Möglichkeit dazu hätten. Kann man es umgehen, so abwesend zu sein, dass man es nahezu völlig an Präsenz fehlen lässt und Stunden und ganze Tage im Autopilotenmodus verbringt? Was unser Wohlbefinden und das Aufblühen der Freude betrifft, ganz bestimmt. Wir können auf ein Gleichgewicht zwischen diesen beiden extremen Polen zusteuern und ohne Müdigkeit und Anspannung dem Unbewussten gegenüber an Boden gewinnen.

Die Beobachtung unseres routinemäßigen Verhaltens kann uns einen Zugang zur Kreativität verschaffen. Warum empfinden wir das Bedürfnis, unermüdlich die gleichen Antworten in den gleichen Situationen zu wiederholen? Zum Beispiel die Angewohnheit, zu all dem „Nein" zu sagen, was uns aus unserem genau begrenzten Bereich, in dem wir uns mit einem Sicherheitsgefühl bewegen, herauskommen lässt. Wir riskieren nichts, denn wir kennen und beherrschen alle Gegebenheiten. Das „Nein" ist sowohl der Hüter unserer Sicherheit als auch der Garant unserer Langeweile. Es lässt uns Zeit, uns unserer Lieblingsbeschäftigung hinzugeben, der Kritik und dem Miesmachen der anderen, ihrer Leichtfertigkeiten, Irrtümer und Verrücktheiten.

Das Problem besteht nicht so sehr darin, dass es uns gefällt, die Dinge zu wiederholen, als vielmehr in der Tatsache, dass wir uns dessen nicht bewusst sind. Eine Wiederholung, derer wir uns bewusst sind, ist auf dem Weg zur Auflösung. Wir haben oft Angst davor, von den anderen verplant oder kontrolliert zu werden, sei es von unseren Freunden, unseren Liebesbeziehungen oder von unseren Vorgesetzten in der Hierarchie der Arbeitswelt. Wir beschuldigen sie gerne, uns das Leben schwer zu machen. Wenn wir uns das näher anschauen, werden wir entdecken, dass wir fast die Einzigen sind, um Kontrolle über uns selbst auszuüben, die beständig die

Möglichkeiten zu Veränderung und Kreativität eingrenzen. Die anderen machen eigentlich nichts, als mit den Grenzen zu spielen, die wir ihnen durch unsere verängstigten Handlungen offenbaren.

Je mehr sich die Freude etabliert, umso mehr spüren wir, dass sie von der Freiheit nicht zu trennen ist. Diese Freiheit finden wir in dem Maße wieder, wie wir bewusst werden und den sich im Kreise drehenden Routinevorgängen ein Ende setzen.

Die Freude lässt auch den Gefallen am Risiko wachsen. Den Wunsch, sich in einen unbekannten Raum vorzuwagen. Der Körper spürt sofort, wie ihn ein Erschauern durchläuft, eine Erregung, die die Empfindung verleiht, dass alles mit voller Leistungskraft funktioniert. Von einer stagnierenden und trübseligen Masse wird der Körper zur vibrierenden Masse. Wir folgen einem neuen Weg, ohne von den Wegweisern beeindruckt zu sein, die diejenigen, die Angst vor dem Wirklichen empfinden, dort aufgestellt haben. Wir roden das Unbekannte mit der Machete, und selbst die Anakondas schauen uns erstaunt zu. Wer die Freude kennt, hört nicht auf, das Wirkliche zu erforschen.

EIN RISIKO EINGEHEN UND SEINE FOLGEN

- Haben Sie den Eindruck, dass Sie in Ihrem beruflichen, emotionalen und physischen Leben Risiken eingehen?

- Sind Sie bereit, Ihre Denk- und Handlungsweise infrage zu stellen, falls Ihnen jemand ein effizienteres Vorgehen zeigt?

- Wie nehmen Sie die Veränderung auf?

- In Ihrem Gefühlsleben?

- In Ihren Beziehungen?

- Lassen Sie dem anderen genug Raum, damit er seine Sicht der Dinge, seine Art zu handeln oder zu denken, verändern kann?

- Wenn Sie gerade beginnen, Erneuerungen einzuführen, zeigt Ihnen Ihr Verstand negative Perspektiven wegen dieser Veränderungen auf?

- Ist er ganz im Gegenteil still und lässt Sie sofort zur Handlung übergehen?

- Erwarten Sie, dass die anderen sich so benehmen, wie Sie es sich gewünscht oder vorgestellt haben?

- Würden Sie sagen, dass Ihr Zugang zum Leben kreativ ist, dass es Sie zum Erfinden drängt und die anderen Sie zum Staunen bringen?

15.

DIE SCHÖPFERISCHE FREUDE

Wenn man sich mit dem schöpferischen Prozess eines Malers, eines Musikers oder Autors befasst, entdeckt man, dass der künstlerische Prozess in einer mentalen Stille entsteht, sobald wir das in uns aufsteigen lassen, was nicht gedacht zu werden braucht. Ein klassischer chinesischer Maler hatte sich eine Atelier-Barke gebaut. Eine Liege mit einer Kerbe für den Arm, die über dem Papier auf Höhe des ausgestreckten und durch den Pinsel verlängerten Arms angebracht war. Er ließ seine Barke den Launen des Flusses entsprechend treiben, seinen Arm und seine Hand hängend, und auf dem Papier erschienen die schönsten Landschaften.

Die Kreativität ist nicht einzig und allein den Künstlern vorbehalten oder denjenigen, die sich für befugt halten, die Welt mit ihren Erzeugnissen zu überladen. Sie ist allen zugänglich, die die Präsenz entdecken und in eine tiefergehende Beziehung zu ihrer Umwelt treten. Sein Leben zu gestalten, heißt, ohne Unterlass die Wirklichkeit zu erforschen und eine schärfere Wahrnehmung, Feinheit und Anmut zu entwickeln.

Ein Künstler, der dieser Bezeichnung würdig ist, erforscht immer das Unbekannte. Er reproduziert weder das Schaffen der anderen noch sein eigenes. Er ist immer in Bewegung hin zu unbekannten Gebieten. Er folgt keinen Erwartungen, denn er weiß selber nicht, wohin er geht. Er gestaltet, um es zu entdecken, je nachdem wie er gerade vorwärtskommt.

Lasst uns sehen, ob wir uns in jeweils entsprechenden Situationen auf denselben Straßen bewegen. Die Gewohnheit verführt uns dazu, immer denselben Weg zu benutzen. Die Strecke durch eine Stadt zu variieren, kann uns dazu verhelfen, neue Wege in unserem Verhalten zu finden. Wir werden uns der sich im Kreis drehenden, zwanghaften Routine gewahr, der unendlichen Wiederholungen von Gesten, Worten, Gedanken und körperlichen Empfindungen. Der Geist sucht Neuigkeiten, er braucht eine Wahrnehmung, die immer mehr in die Tiefe geht. Er hat es nötig, keine Gewohnheiten anzunehmen, um sich nicht in einem Dämmerzustand wiederzufinden:

Die sensorische Kreativität. Keine Gesten oder Körperhaltungen wiederholen. Die Berührungen unterschiedlich gestalten.

Die mentale Kreativität. Sofort erkennen, wenn man auf bereits x-fach eingeschlagenen Wegen fährt. Versuchen, bei jeder Gelegenheit neue mentale Bahnen zu öffnen. Sich vorwagen!

Die emotionale Kreativität. Nicht mehr in der sich im Kreise drehenden Routine versinken, die uns unser faules System automatisch vorschlägt. Sich hingeben, durchlässig werden, ohne Furcht und mentales Vorgreifen. Die Frische des/derjenigen wiederfinden, der/die nicht weiß.

Die Kreativität macht nach und nach das Gedächtnis leer, ein geleertes Gedächtnis präsentiert uns weder ein Bild noch vergleicht es, wenn etwas geschieht. Jeder Moment ist unvergleichlich und von einer leuchtenden Frische.

BIN ICH EIN KÜNSTLER?

- Empfinden Sie im täglichen Leben Freude daran, etwas Einfaches zu gestalten: Einen Raum für einen Gegenstand, eine Beziehung, einen Blumenstrauß, ein Küchenrezept, eine sensorische Entdeckung?
- Welche Bedeutung haben Ihre Beziehungen zu den Künsten: Musik, Literatur, Philosophie, Malerei und Skulptur? Bringen Ihnen diese Beziehungen Erfüllung?
- Entdecken Sie gerne neue Werke?
- Lassen Sie sich auf die Entdeckung zeitgenössischer Kunst ein?
- Lassen Sie in Ihren Freundschafts- oder Liebesbeziehungen Raum für Kreativität, für neue Anregungen, für eine andere Art, die Beziehung zu betrachten, oder fühlen Sie sich in der Wiederholung bekannter Muster sicherer?
- Haben Sie Angst vor Erneuerungen?

- Empfinden Sie Momente von Staunen?
- Wie oft? Von Zeit zu Zeit einmal, jede Woche, jeden Tag?
- Empfinden Sie sich in den Momenten des Staunens angesichts Ihrer Beobachtungen als kreativ?
- Sehen Sie Kreativität im Zufall, in Begegnungen?
- Haben Sie schon einmal die sie umgebende Materie für kreativ gehalten?
- Haben Sie sich bereits gefragt, ob Materie, Pflanzliches, Minerale oder die Elemente ein Bewusstsein haben könnten?
- Empfinden Sie die Vibration der Materie, den Tanz der Atome?
- Erleben Sie manchmal einen ekstatischen Moment, in dem kein Unterschied mehr zwischen Ihnen und dem von Ihnen Wahrgenommenen besteht?

16.

DIE REINTEGRATION DES CHAOS

Die Angst, in der die heutige Gesellschaft lebt, hat uns dazu gedrängt, das Chaos zu vergessen und darin nichts anderes als Unordnung und Katastrophe zu sehen. Kehren wir einen Augenblick zur griechischen Mythologie zurück, sie wird uns helfen, die Kreativität des Chaos zu sehen und sie wieder in unser Leben zu integrieren.

Das Chaos war zuerst da, eine Art von schwimmendem und undifferenziertem Magma, voll von unbestimmten Energien. Dann tauchten Gaia – die Erde, Eros – die Liebe, Nyx – die Nacht und Erebos – die Finsternis empor. In einer ersten verliebten Anwandlung vereinten sich Nyx und Erebos; sie schenkten dem Tag und dem Äther das Leben. Danach erschienen der Hass und die Liebe, wie um einen Vorgeschmack auf die Rückkehr zum Chaos zu geben.

Das Chaos als Energie zu erkennen, genügt, um die Furcht zu verringern, die wir vor allen chaotischen Zuständen haben, und um unsere Vermeidungsstrategien aufzuheben. Die Chaos-Perioden sind wunderbar kreativ. Sie sind das Ende eines fälschlicherweise geordneten Universums und das Erscheinen einer neuen Kraft. Falls wir es wagen, vor dem Chaos nicht die Flucht zu ergreifen und nicht die Augen davor zu verschließen, erhalten wir den Eindruck, in einem Ozean voller erschauernder Energie zu schwimmen. Der Körper nimmt diese Energie auf, der Geist ernährt sich davon und geht durch eine Phase von Entgiftung und erholsamer Leere, aus der die Samenkörner der Kreativität keimen. Das ist das Ende einer Ordnung, der Anfang der Erneuerung.

In der Harmonie gibt es eine Art einschläfernder Laschheit. Der einzige Wunsch, dort zu bleiben und sich einzurichten, ist der einfachste Ausdruck von Angst. Die Harmonieblase aufzustechen, um in das Chaos einzudringen, in dem die Harmonie zu schweben scheint, ist der Beginn eines großen Abenteuers: Die Begegnung mit dem Ungewissen, die so sehr unseren Geist und unseren durch die Gewohnheit gelähmten Körper anregt.

An der Verehrung der Harmonie ist etwas verdächtig. Ich stelle mir gerne einen Altar vor, auf dem man die Buddha-Statue durch eine Konkretion von Cäsar ersetzt, die das Chaos darstellt. Jeden Morgen würden wir ihr unsere Hingabe darbringen: In einer Meditation über die Schönheit des Chaos, das in uns wohnt, und über seine unendlichen Möglichkeiten. Nicht die Situationen sind chaotisch, sondern unsere Reaktionen auf diese Situationen.

Das Chaos zu akzeptieren, in ihm zu schwimmen wie in einem wohltuenden Ozean, ist ein freudiger Zustand, aus dem die Angst verschwunden ist. Wir werden uns angespornt fühlen und dazu getrieben, die Dinge hochkommen zu lassen, dabei hören wir auf, alles kontrollieren zu wollen. Die Kontrolle ist direkt aus der Angst hervorgegangen, ganz und gar lebendig zu sein. Keine authentische Freude, ohne durch das Chaos hindurchzugehen.

MEINE ABSTECHER IN DIE KREATIVITÄT DES CHAOS

- Haben Sie vor allem Angst, was als Chaos bezeichnet wird?

- In den Künsten, den Beziehungen, der Materie, den Naturkatastrophen?

- Vermeiden Sie es, auf chaotische Situationen zuzugehen oder sich ihnen anzuvertrauen?

- Empfinden Sie das emotionale Chaos als Gefahr oder als eine Quelle der Inspiration?

- Machen Ihnen chaotische Menschen Angst, oder üben sie eine Anziehungskraft auf Sie aus?

- Widerstehen Sie dieser Anziehungskraft?

- Seit einigen Jahren scheint die Erde gegen unser fehlendes Umweltbewusstsein aufzubegehren. Sehen Sie in der schnellen Zunahme der Naturkatastrophen ein Zeichen, das uns zum Bewusstsein aufrufen sollte, oder ein Verhängnis?

- Verführt Sie die Vorstellung, ihre lichten Zonen zu verlassen, die Bereiche, in denen Sie sich mit Leichtigkeit bewegen, um den dunklen Teil Ihrer selbst zu erforschen, den dunklen Teil Ihrer Begierden, Ihrer Emotionen, Ihrer Gefühle?

- Wenn Ihnen andere vom Versinken in sich selbst erzählen und davon, dem Chaos zu begegnen, haben Sie Lust, zu fliehen oder es nun selbst zu wagen?

17.

DAS BEWUSSTSEIN

Das Bewusstsein ist die Stelle, wo sich alle unbewussten Kräfte, alle kosmischen Nervenleitungen und das Spiel der Konditionierungen offenbaren. Es errichtet, wie um sich dessen zu erwehren, ein moralisches Bewusstsein (im Deutschen auch «Gewissen») und ein Bewusstsein der Welt, das sich um das Phantasiegebilde einer Ich-Einheit dreht, die von der Gesamtheit getrennt ist. Das Bewusstsein wird durch einen Komplex von Faktoren bestimmt, die zu umfassend sind, um sie zu enträtseln. Das Ich ist die Schöpfung einer Vielfältigkeit, die sich jeder Analyse entzieht. Gibt es aber eine andere Möglichkeit, ein Bewusstsein zu entdecken, das nicht das Bewusstsein von etwas Besonderem ist, jedoch ein leeres, räumliches und strahlendes Bewusstsein, das alles umfasst, ohne es benennen zu müssen?

Die Praxis der Meditation, egal welcher Form oder Ausrichtung, kann uns dieses Bewusstsein offenbaren. Ähnlich dem Himmel enthält es alles, aber die einzelnen Objekte schweben wie Sterne.

Diese Wahrnehmung, in der derjenige, der wahrnimmt, eins mit dem Wahrgenommenen ist, wird Samadhi genannt (nicht-duale Ekstase). Sie verursacht eine tiefe, essenzielle und dauerhafte Freude.

Diese Freude lässt uns entdecken, dass dieser unendliche Raum in jedem Objekt, jedem Wesen, jedem Partikel der Materie zugegen ist. Man kann sagen, diese Wahrnehmung ist die Grundlage der Freude; denn wie diese ist sie an kein besonderes Objekt mehr gebunden.

Man kann das mit einem Filmprojektor vergleichen. Es gibt den Film, die Bilder, die das Bewusstsein des Selbst, das moralische Bewusstsein und die Illusion des Egos darstellen. Dann gibt es das form- und grenzenlose Licht, aber dieses zeigt die Bildzeichen des Films und verleiht ihnen einen Anschein von Dauerhaftigkeit. Nimmt man den Film weg, dann bleiben nur noch Licht und das Weiß der Leinwand. Aber durch die Bilder hindurch gibt es auch Licht. Um das Licht des Filmes zu sehen, muss man das Licht kennen, bevor es den Formen Leben verleiht.

DIE PRAXIS DES BEWUSSTSEINS

Das Bewusstsein zeigt sich in Form der Präsenz, und die Präsenz lässt sich genau wie ein Musikinstrument üben: Der Körper ist unser Musikinstrument, er kann sich auf die Welt einstimmen und spontan vibrieren, unter der Voraussetzung, dass man Achtsamkeit entwickelt. Um das zu tun, ist es besser, viele kleine kurze Übungen zu machen – fünfzehn bis zwanzig Sekunden lang – als eine längere Praxis. Versuchen wir, dreißig, vierzig oder fünfzig Mal am Tag tief mit einer Empfindung in Verbindung zu kommen: Das Wasser, das auf unseren Körper rieselt, der Kontakt unserer nackten Füße auf dem Boden, der Geruch und dann der Geschmack einer Tasse Tee, den Himmel beobachten, einen Vogel hören oder in Augenkontakt mit einem Unbekannten treten. Nehmen Sie wirklich Verbindung auf, atmen Sie ein, indem Sie den Bauch entspannen, unterbrechen Sie bewusst nach fünfzehn oder zwanzig Sekunden den Kontakt und kehren Sie zum üblichen Modus zurück. Wählen Sie einige Minuten später ein anderes Objekt der Aufmerksamkeit und Präsenz.

- Sie werden nach einigen Tagen Praxis entdecken, dass Ihre Lust, auf der Welt zu sein, in dem Maße zunimmt, wie sich Ihre Aufmerksamkeit und Ihr Gewahrsein entwickeln.

- Bald werden Sie die Freude entdecken. Diese Entdeckung wird Sie vom Warten auf ein außergewöhnliches, Glück verheißendes Ereignis entwöhnen. Je mehr das Gewahrsein sich entwickelt, umso weniger hypnotisiert Sie die Hoffnung. Das, was da ist, in diesem Augenblick, vor Ihren Augen, beinhaltet alles, um Ihnen Freude zu bereiten.

- Die einfache Tatsache, dass wir uns bewegen, schmecken, riechen, hören, berühren und sehen können, ist ein Wunder, dessen Schönheit wir zu oft übersehen.

- Nach einigen Wochen fordert der Körper selber mehr Gewahrsein von Ihnen. Er ist ein Instrument des Genusses, und sobald er versteht, dass das Gewahrsein einen immensen Genuss bereitet, kehrt er von allein wieder dorthin zurück.

- Sie haben das Recht, voll und ganz zu leben!

18.

DIE LIEBE

Hätten wir die Liebe, benötigten wir nichts anderes, und jedes Problem erschiene uns unbedeutend. Unser Mangel schleudert uns in eine verrückte Erwartung hinein. Wir ersehnen die Liebe mehr als alles andere, und diese Erwartung lässt uns erstarren. Unsere ganze Dynamik ist blockiert: Da sind wir, isoliert, in einer affektiven Kälte und mit der Hoffnung, eines Tages geliebt zu werden.

Liebe zu bekommen, hängt von den anderen ab, die sie uns auch entziehen können. Es gibt eine sehr einfache Lösung, an die wir nicht immer denken: Liebe zu geben, hängt nur von uns ab. Liebe zu geben, heißt vor allem, Gewahrsein für die Welt zum Ausdruck zu bringen, Gewahrsein für den anderen, Zuhören in einer körperlichen, mentalen und emotionalen Entspannung. Wir sind nicht gewohnt, dass die anderen präsent sind. Es ist natürlich, dass wir unsererseits dieser Absenz verfallen, die für die gesellschaftlichen Beziehungen charakteristisch ist. Maskenspiele, leichte Berührungen oder Fluchten. Aber wenn wir einige Minuten wahrer Präsenz und Aufmerksamkeit schenken, hören die Ausweichmanöver auf. Präsenz ruft Präsenz herbei. Vergnügen kommt auf. Eine aufrichtige Kommunikation erblüht. Wir sind von der Liebe nicht weit weg. Im Geben empfangen wir. So einfach ist das.

In unseren Liebesbeziehungen verwechseln wir zu häufig Gabe und Besitz. Ein kreatives Leben setzt voraus, dass wir dem anderen den ganzen Raum lassen, den er zur vollkommenen Entfaltung benötigt. Aber ist der Enthusiasmus der ersten Monate einmal vorbei, stellt sich eine beengende Dynamik ein. Wir begrenzen das Forschungsgelände unseres Partners. Wir wollen, dass er sich verändert, dass er unseren Vorstellungen entspricht. Die Liebe verkümmert, verwandelt sich in Verbitterung. Man stutzt dem anderen nicht die Flügel, ohne den Preis dafür zu bezahlen.

Die Liebe ist eine nie abreißende Schöpfung. Wenn wir den anderen nicht in den Grenzen unserer Vorstellungen einsperren, wenn wir ihn nicht zu einem Bild erstarren lassen, kann er sich frei bewegen, und wir können ihn Tag für Tag in der Entdeckung seiner Freiheit erleben. Das ist die einzige starke Bindung, die zwischen zwei Menschen sein kann. Alle Zwänge töten am Ende die Liebe.

In dieser gegenseitigen kreativen Bindung wird sich die Freude zeigen und die Menschen auf wesentlich tiefere Art miteinander verbinden, als alle Schwüre und Begrenzungen es vermöchten.

DIE LIEBE BETREFFEND

- Wie lautet meine Definition der Liebe?
- Kann ich gemäß dieser Definition sagen, dass ich Liebe gebe und bekomme?
- Was in der Liebe, die ich den anderen entgegenbringe, ist der Anteil des Besitzes?
- Bin ich bereit, demjenigen, den ich liebe, den ganzen Raum zu geben, den er benötigt, um sich völlig zu entfalten?
- Deckt diese Gabe alle Bereiche ab: Geld, Zeit, Geschmack, künstlerische oder politische Stellungnahmen? Sexualität?
- Welchen Platz nimmt die Verlustangst in meiner Beziehung ein?
- Bin ich großzügiger im Denken als im Handeln?

- Bin ich eifersüchtig in der Liebe?

- Bin ich eifersüchtig im Leben?

- Habe ich den Eindruck, dass das Glück des anderen ein Stück von meinem wegnimmt?

- Ist Glück für mich: Liebe zu geben und zu empfangen?

- Habe ich bereits Liebe empfunden, die nicht auf einen Gegenstand oder eine Person gerichtet war?

- Kenne ich ein Liebesgefühl, das die Welt einschließt?

19.

DER KÖRPER/GEIST

Im Chinesischen stellt ein einziges Ideogramm den Körper/ Geist dar. Für die westlichen Menschen, die an eine kulturelle und religiöse Spaltung gewöhnt sind, ist die Annäherung an diesen Körper/Geist schwierig. Den ersteren zu verleugnen, ja sogar zu martern, ist der Weg, den wir gewählt haben, um letzteren zu läutern. Zur Einheit von Körper/Geist zurückzukehren, ist der Weg, den es zu erforschen gilt, wenn wir die Freude kennenlernen wollen.

Den Körper wiederzufinden, ist schwer. Den unablässigen inneren Diskurs aufzugeben, ist noch schwerer. Es geht weder darum, die wunderbaren Fähigkeiten des Geistes zu leugnen, noch darum, ihn im Verhältnis zum Körper abzuwerten. Es geht vielmehr darum, das richtige Gleichgewicht wiederherzustellen und aufzuhören, aus unserem Körper einen Sklaven unseres Verstandes zu machen.

Was uns von der Präsenz abschneidet, ist der beständige und sich wiederholende Kommentar unserer Wünsche, unserer Handlungen, unserer mentalen Fixierungen. Wenn wir einen Tag von mentalem Diskurs aufzeichnen könnten, hätten wir fünfzehn oder sechzehn Stunden fortlaufenden Kommentars unserer Handlungen und Gesten. Im Vergleich dazu: Die Lektüre dieses Buchs erfordert nur eine Stunde. Der unablässige Diskurs ist nicht das Leben, er ist der Kommentar zu einem möglichen Leben, das wir nicht leben.

Mit der Praxis der Aufmerksamkeit und der Präsenz wird der Kommentar erst verblassen, dann verschwinden. Es existiert nur noch die spontane Handlung. Vorher keine Angst, kein Zögern, keine Erklärung nach der Handlung, aber eine Ruhepause in der Stille des Verstandes. Das ist die Unterweisung und Praxis des Chan.

Es erfordert Jahre an Praxis, um zu dieser Spontaneität zu gelangen, aber es ist allen möglich, ein wohltuendes Gleichgewicht zu erreichen, wo der Geist, ohne vollkommen still zu sein, Zeitspannen von unbegrenztem Raum erfahren wird. Unsere Handlung wird dann leichter, direkter sein.

In der Freude zu leben, will nicht heißen, dass wir von einer künstlichen Freude hypnotisiert sein werden. Wir sind immer für die unangenehmen Überraschungen des Lebens empfänglich, doch sie werden sich manifestieren, als seien sie in einem Raum von Freude aufgehängt. Der aufgeschlossene und unbestimmbare Körper sowie das offene Denken werden sich nicht mehr an das Leiden hängen, dieses wird schnell verfliegen.

Zur Freude zu gelangen, erfordert es, Mut zu haben, sich viele Fragen zu stellen und sie aufrichtig zu beantworten.

Dieser kleine Reisefürer zum Inneren hat kein anderes Ziel, als die Dynamik für die Offenheit zur Freude in Gang zu setzen!

Vom selben Autor in deutscher Sprache:

Tantra – Eintauchen in die absolute Liebe. Aquamarin Verlag 2001

Die Ekstase des Herzens. Aquamarin Verlag 2005

Tantra Yoga. Der Weg zur höchsten Erleuchtung. Heinrich Hugendubel Verlag 2006

Das entflammte Herz. (Kommentar und Übers. des Spandakarika von Kallata). Aquamarin Verlag 2007

Offene Weite. Der Herz-Geist des Zen. Edition Spuren 2008

Das tantrische Erwachen. Begehren, Leidenschaft und Spiritualität. Aquamarin Verlag 2013

Ming Qing (**Daniel Odier**) ist Chan-Meister der chinesischen Linie Zhao Zhou. 2005 hat er im Kloster von Bailin in China von Meister Jing Hui die Übertragung erhalten. Er unterweist auf der ganzen Welt.

Praktische Informationen:
www.danielodier.com

DANIEL ODIER

Die Ekstase des Herzens
Der tantrische Weg zum Erwachen
(ISBN 978-3-89427-281-4)
Paperback, 160 Seiten

Der tantrische Weg ist in seiner innersten Essenz ein Pfad der Übereignung an das Göttliche Selbst. Von seiner Meisterin geschult, ging Daniel Odier selbst diesen Weg bis zur Großen Erfahrung. Aufbauend auf dieser inneren Transformation, lässt er mit diesem Buch seine Leser teilhaben an seinem spirituellen Wissen, um ihnen so die Gestaltung ihres eigenen Weges zur „Ekstase des Herzens" zu ermöglichen. Er schildert in allen Einzelheiten die Verwandlung des Herzens und die Entfaltung eines neuen, kosmischen Bewusstseins. Dabei geht er auch auf die Schwierigkeiten des tantrischen Pfades und die Überwindung alter Illusionen ein. Besonders kostbar sind die Erstveröffentlichungen einiger klassischer tantrischer Texte, die bisher noch nie in deutscher Sprache verfügbar waren. Ein funkelndes Juwel der Weisheit des Ostens und ein Meisterschlüssel zum inneren Erwachen!

Das tantrische Erwachen
Begehren, Leidenschaft und Spiritualität
(ISBN 978-3-89427-620-1)
Hardcover, 200 Seiten

In diesem Werk fasst Daniel Odier die Essenz der Lehren seiner Meisterin Devi auf brillante Weise zusammen. Odier räumt mit dem immer noch weit verbreiteten Missverständnis auf, in der tantrischen Tradition ginge es vorrangig um Sexualität. Richtig ist jedoch, dass es auf dem tantrischen Pfad vorrangig um eines geht: BEWUSSTSEIN. Es geht um Achtsamkeit und Wachheit auf dem geistigen Weg ? und zwar in jedem Aspekt des Lebens. Darin ist natürlich auch die Sexualität eingeschlossen, aber als ein Bereich neben anderen! Wer den tantrischen Pfad mit jener Achtsamkeit und Wachheit beschreitet, die Daniel Odier in diesem Buch mit meisterhafter Schärfe und Präzision beschreibt, der wird eines Tages jene Stufe erreichen, die seit Jahrtausenden von allen großen Wissenden als das ERWACHEN beschrieben wurde. Odiers Werk liefert den Schlüssel zu diesem Prozess!

Tantra – Eintauchen in die absolute Liebe
(ISBN 978-3-89427-246-3)
Paperback, 220 Seiten

Wie viele an östlicher Spiritualität interessierte Abendländer bricht Daniel Odier zu einer Reise nach Indien auf, um die Geheimnisse der Weisen des Himalaya zu erkunden. Odier war kein Anfänger, sondern durch frühere Studienreisen bereits mit der indischen Philosophie vertraut. Doch diesmal sollte seine Reise mehr sein als nur eine „Studienreise". Daniel Odier schildert in diesem bewegenden Buch seinen dramatischen Bewusstwerdungsprozess, der ihn über seine Ängste, Vorurteile und Begrenzungen hinausführt und zu einem erwachten Menschen werden lässt. Mit Sicherheit eines der besten und vor allem authentischsten Werke, das je von einem Abendländer über Tantra geschrieben wurde. Ein Buch, das wahrhaft den Weg zur absoluten Liebe aufzeigt!

Das entflammte Herz
(ISBN 978-3-89427-504-4)
Paperback, 180 Seiten
Auf dem tantrischen Weg die Kraft des Herzens entfalten

Daniel Odier gilt als der beste Kenner der tantrischen Spiritualität im Westen! Mit diesem Buch führt er noch tiefer in die innerste Essenz des tantrischen Weges ein und offenbart Geheimnisse der östlichen Weisheitslehre, die viele Jahrhunderte lang nur den Eingeweihten vorbehalten waren. Die einzigartige Kunst Odiers liegt darin, alles Zeit- und Kulturgeschichtliche zur Seite zu räumen und den wesentlichen, innersten Kern einer Tradition freizulegen. So gelingt es ihm stets, seine Leser mit bestechender Klarheit, aber zugleich auch mit radikaler Offenheit, auf das Herz des WEGES aufmerksam zu machen. Dem tantrischen Weg des „entflammten Herzens" zu folgen, ist keine oberflächliche Angelegenheit. Dieser Pfad führt in die Konfrontation mit allen Halbwahrheiten und Abhängigkeiten; doch wer ihn mutig beschreitet, wird eine wundervolle Freiheit und wahre Herzensreinheit finden!

Eintauchen in die absolute Liebe